Osteuropäische Forschungen

Im Auftrag der Deutschen Gesellschaft
zum Studium Rußlands

herausgegeben von

Otto Hoetzsch, Otto Auhagen und Erich Berneker

Heft 1

Nationaler Bestand, berufsmäfsige Gruppierung und soziale Gliederung der kaukasischen Völker

Statistisch-ökonomische Untersuchungen

Von

Dr. phil. B. Ischchanian

Berlin und Leipzig
G. J. Göschen'sche Verlagshandlung G. m. b. H.
1914

Nationaler Bestand, berufsmäßige Gruppierung und soziale Gliederung der kaukasischen Völker

Statistisch-ökonomische Untersuchungen

Von

Dr. phil. B. Ischchanian

Berlin und Leipzig
G. J. Göschen'sche Verlagshandlung G. m. b. H.
1914

Inhaltsverzeichnis.

Vorwort.

Über die geographische Lage, Bodengestaltung, geologisch-mineralische Beschaffenheit, sowie geschichtliche Vergangenheit des Kaukasus, über die ethnographischen und linguistischen Verhältnisse dieses Grenzgebietes zwischen Osten und Westen ist eine umfassende Literatur vorhanden. Der ernste Forscher und Geschichtsschreiber wie der oberflächliche Tourist haben sich zu verschiedenen Zeiten über diese oder jene Seite des Landes eingehend oder flüchtig geäußert. Aber etwas Bevölkerungs- und Berufsstatistisches über das seltsame Völkergemisch unseres Gebirgslandes existiert unseres Wissens nicht, weder in einer fremden, noch selbst in der russischen Sprache.

Durch die vorliegende Arbeit glaubt der Verfasser in dieser Hinsicht eine Lücke ausfüllen zu können.

Wir wollen ein einheitliches Gesamtbild über die nationalen Bestandteile, Ausbreitungen und Einteilungen, territorialen Stärkeverhältnisse der kaukasischen Gesamtbevölkerung, über die Gruppierungen und Klassifikationen aller Berufe der Hauptvölker im Kaukasus, sowie über deren soziale Gliederungen, ökonomische Stellungen und Machtverhältnisse der Gesellschaftsklassen zahlenmäßig darstellen und kritisch beleuchten.

Die Grundlage unserer Zahlenoperationen bildet die allgemeine russische Volkszählung von 1897, deren Ergebnisse erst 1905 in zwei Bänden erschienen sind. Das ist allerdings ein gutes Stück geschichtlicher Vergangenheit. Aber diese Volkszählung ist die einzige, die erste und auch die letzte (wenn auch nicht frei von vielen Fehlern), welche jeder bevölkerungs- und berufsstatistischen Untersuchung zur Grundlage dienen muß, soweit noch keine neue Volkszählung stattgefunden hat. Andererseits sind eine Reihe von nationalpolitischen Fragen und ökonomischen wie sozialen Momenten, die wir in unserer Arbeit auf Grund der Angaben ziemlich ausführlich erörtert haben, bis jetzt überhaupt noch nicht berührt worden, also in diesem Sinne hat das Thema einen lebhaften und aktuellen Charakter. Schließlich darf diese Arbeit, rein geschichtlich genommen, ein gewisses Interesse in Anspruch nehmen: Wenn in den nächsten Jahren, wie man vermutet, eine neue Volkszählung in

Rußland vorgenommen wird, so wird der künftige Forscher auf Grund dieser Untersuchungen und der neuen Angaben ein klares Analogiebild der bevölkerungs- und berufsstatistischen Veränderungen vor sich haben.

Selbstverständlich sind hier nicht alle Völker buchstäblich herangezogen worden. Bei einem Lande, wie der Kaukasus, wo unzählige Sprachen bezw. Dialekte gesprochen werden, und wo die Muttersprache jedes Volkes als Grundlage der statistischen Erhebungen galt, ist es einfach unmöglich und auch zwecklos, alle die winzigen und verschwindenden Völkergrüppchen hier speziell zu behandeln, welche keine besondere Bedeutung im wirtschaftlichen und sozialen Leben des Kaukasus haben. Wir haben im ersten Kapitel über 95 % der Gesamtbevölkerung des Kaukasus, welche nicht weniger als 24 Völker umfaßt, in acht große Sammelgruppen eingeteilt und so deren Bestand, Ausbreitung, Lokalisierungspunkte und Stärkeverhältnisse im einzelnen behandelt. Im zweiten Kapitel aber, wo wir mit den statistisch festgestellten 65 Berufsgruppen zu tun haben, haben wir nur die einheimischen Hauptvölker, die zahlreichsten und einflußreichsten von allen, gewählt. Schließlich haben wir im dritten Kapitel, wo die sozialen Gliederungen und Stände, sowie die ausdrücklichen ökonomischen Stellungen der Völker erörtert worden sind, zur Veranschaulichung unserer Betrachtungen, Vergleichsbeispiele einerseits von den Bergvölkern, andererseits von den großen Reichsvölkern hereingezogen.

Gerade jetzt, in einer Periode des neuerwachten lebhaften Interesses, welches die Ausländer (Europäer wie Amerikaner) durch ihre zahlreichen Studiums- und Forschungsexpeditionen für den Kaukasus, dieses an Bodenschätzen fabelhaft reiche Land zeigen, dürfte eine eingehende Orientierung über den Stand wie die Berufs- und ökonomischen Verhältnisse des einzigartigen Völkerkomplexes von Bedeutung sein.

Ein Land, das man wegen seiner Naturschönheiten die zweite Schweiz genannt hat und dem man wegen seiner Reichtümer eine industrielle Zukunft gleich der von Sachsen prophezeit hat, ist den Ausländern gerade in den Punkten und Fragen, die hier erörtert worden sind, im Grunde genommen noch unbekannt.

Berlin. B. Ischchanian.

I. Kapitel.

Bestand, Ausbreitung und Einteilung der kaukasischen Bevölkerung.

I.

Nach dem Flächeninhalt nimmt der Kaukasus in den fünf großen Landesteilen (Europäisches Rußland, Weichselgebiet oder Russ.-Polen, Kaukasus, Sibirien und Zentralasien) des russischen Reiches (ohne Finnland) die vierte, nach der Bevölkerungszahl die dritte Stelle ein. Mit seinen 473227 qkm (oder 411688 q Werst) ist der Kaukasus viermal so groß wie Polen, bleibt aber mit seinen 9289364 Einwohnern hinter Polen zurück und übertrifft Sibirien und Zentral-Asien, die wenigstbevölkerten Landesteile des russischen Staates. Bildet der gesamte Flächenraum des Kaukasus nur $^1/_{45}$ des Reiches (ohne Finnland), so macht die Einwohnerzahl nach der Volkszählung nicht weniger als 7,39 % der gesamten Bevölkerung Rußlands aus. Nach der Dichtigkeit der Bevölkerung nimmt der Kaukasus die zweite Stelle ein, wie die folgenden Vergleichszahlen zeigen. Es wohnen auf 1 q Werst:

im Reiche überhaupt	6,66	Einwohner	durchschnittlich
im europäischen Rußland	22,09	,,	,,
im Weichselgebiet (Polen)	84,28	,,	,,
im Kaukasus	22,56	,,	,,
in Sibirien	0,53	,,	,,
in Zentralasien	2,47	,,	,, [1]

Somit steht der Kaukasus nur hinter dem Weichselgebiet zurück; allerdings ist der Unterschied zwischen dem europäischen Rußland und dem Kaukasus sehr gering.

Auch der Zuwachs der kaukasischen Bevölkerung, von einer Periode zur anderen, ist stabil und nimmt, absolut wie relativ, ziemlich in demselben Tempo zu, wie im übrigen Reich. So z. B.

[1]) Beilage des I. Bandes der ersten allgemeinen russischen Volkszählung von 1897, St. Petersburg 1905, S. 2.

hatte die Zahl der kaukasischen Einwohner in einem Zeitraum von 26 Jahren folgendes Bild:

Jahr	Einwohner	Zunahme in Prozent	auf 1 q Werst
1886	7205306 [1]	—	17,50 Einwohner durchschnittlich
1897	9289364 [2]	22,43 %	22,56 „ „
1910	11800000 [3]	21,28 %	28,67 „ „

Die Zunahme der Gesamtbevölkerung Rußlands in der verhältnismäßig größeren Periode: 1880—1897[4]) war geringer, nämlich 20,43 %, während sie in dem letzten Zeitraum (1897—1910) um 0,40 % größer war (21,68 %) als im Kaukasus. Um so geringer war aber im Reiche der durchschnittliche Zuwachs der Einwohner auf 1 q Werst in den erwähnten Perioden: 5,31 (1880), 6,66 (1897) und 8,47 (1910); einer Zunahme der Durchschnittszahl von 37,31 % (im Reiche) gegenüber steht die von ungefähr 40 % im Kaukasus.

Hinsichtlich des Verhältnisses der Geschlechter nimmt der Kaukasus unter den fünf Landesteilen die vierte Stelle ein. Auf 100 Männer kamen nach der Volkszählung von 1897:

im Reiche überhaupt .... 101,1 Frauen
„ europäischen Rußland.... 104,2 „
„ Weichselgebiet .... 99,5 „
„ Kaukasus.............. 90,1 „
in Sibirien .... 94,3 „
„ Zentralasien .... 86,0 „ [5]).

In asiatischen Teilen des Reiches überhaupt und insbesondere in Zentralasien steht die Verhältniszahl der Frauen hinter derjenigen der Männer bedeutend zurück.

Welche Stellung nimmt aber der Kaukasus bezgl. der Bevölkerungseinteilung in Stadt und Land (Provinz) ein? Rußland ist bekanntlich eines von denjenigen Ländern, welches eine ausgesprochen ländliche Bevölkerung besitzt, der gegenüber die städtische Bevölkerung eine fast verschwindende Minderheit bildet. Das

[1]) Siehe Meyers Lexikon 1905, 10. Bd., S. 776.
[2]) Erste allgemeine russische Volkszählung, II. Bd., S. 298—99.
[3]) Kaukasischer Kalender für das Jahr 1910, Tiflis 1910, S. 147.
[4]) Die Angabe für das Jahr 1880, siehe Kaukasischen Kalender 1910, S. 146.
[5]) Beilage des I. Bandes der russischen Volkszählung, S. 4.

prozentuale Verhältnis der städtischen Einwohner zu der Gesamtbevölkerung zeigt uns folgendes Bild:

im Reiche überhaupt .... 13,4 %
„ europ. Rußland................ 12,9 %
„ Weichselgebiet .... 23,0 %
„ Kaukasus..................... 12,9 %
in Sibirien .... 8,4 %
„ Zentralasien .... 12,1 %[1]).

Wie man sieht, steht der Kaukasus mit dem europäischen Rußland auf der gleichen Stufe und nimmt somit die zweite Stelle (unter den fünf Landesteilen) ein. Das industriell entwickeltste Weichselgebiet, mit seiner europäischen und europäisierten Stadtbevölkerung, nimmt allerdings weitaus die erste Stelle ein.

2.

Wir wollen jetzt nach diesen partiellen Analogien des Kaukasus mit den übrigen Landesteilen des russischen Reiches dazu übergehen, ein kurzes Gesamtbild zu skizzieren von der Bevölkerungseinteilung und -Ausbreitung und von dem Völker- bezw. Nationalbestande des Kaukasus selbst, mit seinen elf Gouvernements.

Die Einteilung der Bevölkerung in den kaukasischen Gouvernements hat bei der Volkszählung folgendes Bild auszuweisen gehabt:

Gouvernements und Gebiete	männlich	weiblich	zusammen
1. Gouvernement Baku	458065	368651	826716
2. Daghestangebiet	283279	287875	571154
3. Gouvernement Elisawetpol	480012	398403	878415
4. Karsgebiet	160571	130083	290654
5. Kubangebiet	973023	945858	1918861
6. Gouvernement Kutais	549504	508737	1058241
7. „ Stawropol	444579	428722	873301
8. Terekgebiet	485568	448368	933936
9. Gouvernement Tiflis	575447	475585	1051032
10. Schwarzmeer-Gouvernement ...	34776	22702	57478
11. Gouvernement Eriwan	441889	387667	829556[2])

Nach der Einwohnerzahl ist das größte Gebiet unter allen das von Kuban mit seinen 1918861 Einwohnern, dann folgt das Gouvernement Kutais (1058241 Einwohnern) in Georgien. Die ehemalige Hauptstadt von Georgien, Tiflis, das gegenwärtig politische und

[1]) ibid., S. 6.
[2]) I. Bd. der allgemeinen russischen Volkszählung, S. 24—25.

kulturelle Zentrum des gesamten Kaukasus, ist zugleich die größte Stadt in der ganzen Statthalterschaft, das Gouvernement Tiflis nimmt erst die dritte Stelle ein (mit 1051032 Einwohnern). Das volksärmste Gebiet ist das Schwarzmeer-Gouvernement mit seinen 57478 Einwohnern. Von diesen elf Kreiseinteilungen gehören acht (die Gouvernements Baku, Elisawetpol, Kutais, Tiflis, Schwarzmeer, Eriwan und die Gebiete Daghestan und Kars) zu Transkaukasien mit ihren 5563246 Einwohnern und drei (Gouvernement Stawropol und die Gebiete Kuban und Terek) zu Ciskaukasien mit 3726098 Einwohnern. Den größten Teil (216810,2 q Werst) des Territoriums wie der Bevölkerung der kaukasischen Statthalterschaft hat Transkaukasien in seinem Besitze. Diese Tatsache hat ihre weittragende politische Bedeutung, worauf wir noch zu sprechen kommen werden, wenn wir den Nationalbestand des sonderbaren Völkerkomplexes behandeln.

Die durchschnittliche Volksdichtigkeit in den Gouvernements ist ebenso verschieden wie die absolute Zahl in denselben, wie auch die Einteilungen der Einwohner in Stadt und Land und in Geschlechtsbeziehung verschieden sind, wie die folgende Tabelle zeigt:

Gouvernements und Gebiete	Einwohner auf 1 q W.	% Verhält. d. Stadeinw. zur Gesamtbevölkerung	Auf 100 Männer kamen Frauen
1. Gouvernement Baku	24,03	20,6	80,5
2. Daghestangebiet	21,86	7,8	101,1
3. Gouvernement Elisawetpol	22,65	10,2	83,0
4. Karsgebiet	17,48	13,0	81,0
5. Kubangebiet	23,63	11,5	97,2
6. Gouvernement Kutais	33,02	9,2	92,6
7. „ Stawropol	16,54	9,5	96,4
8. Terekgebiet	15,43	12,9	92,3
9. Gouvernement Tiflis	26,86	21,4	82,6
10. Schwarzmeer-Gouvernement	8,90	34,2	65,3
11. Gouvernement Eriwan	35,71	11,1	87,7[1])

Danach sind die am dichtbevölkertsten Gouvernements bezw. Gebiete: Eriwan, Kutais, Tiflis, Baku und Kuban. Bezüglich der Stadteinwohnerverhältnisse haben nur einige Gouvernements, welche ein mehr oder weniger blühendes städtisches Handels- und Industrieleben entwickelt haben, eine gewisse Konzentration der Stadteinwohner aufzuweisen. So z. B. die Gouvernements Schwarz-

[1]) Beilage des I. Bandes der russischen Volkszählung, S. 2, 4, 6.

meer, Tiflis und Baku, welche in sich die bedeutendsten Städte überhaupt des ganzen Kaukasus repräsentieren, haben ein Stadteinwohnerverhältnis von $^1/_5$ bis $^1/_3$ der Gesamtbevölkerung aufzuweisen. Was die Geschlechtseinteilung betrifft, so finden wir in verschiedenen Kreisen ein und desselben Territoriums ein voneinander ganz abweichendes Bild: auf 100 Männer kommen in einem Falle (im Schwarzmeer-Gouvernement) 65,3, im anderen (im Daghestangebiet) 101,1 Frauen; die anderen Kreise nehmen Zwischenstellungen verschiedener Stufen ein.

3.

Wir wollen jetzt die Stärkeverhältnisse der einzelnen Völker im Kaukasus erfahren; um aber ein Gesamtbild derselben zu gewinnen, bringen wir hier zugleich auch die Zahlen der kaukasischen Völker im Reiche.

	Im Kaukasus	Im ganzen Reiche	Im Reiche ohne Kaukasus
1. Russen	3154898	83933567	80778669
2. Grusiner	821720	823968	2248
3. Imeretiner	273184	273185	1
4. Mingrelier	239615	239625	10
5. Swaneter	15756	15756	—
6. Armenier	1118094	1173096	55002
7. Perser	16745	31723	14978
8. Taten	94056	94302	246
9. Kurden	99836	99949	113
10. Ossetiner	171127	171716	589
11. Kabardiner	98538	98561	23
12. Tscherkessen	43332	46286	2954
13. Abchasen	71103	71772	669
14. Tschetschenzen	226496	226496	—
15. Inguschen	47409	47409	—
16. Awaro-Andiner	212680	212692	12
17. Darginer	130209	130209	—
18. Küriner	159213	159213	—
19. Udiner	7100	7100	—
20. Kasi-Kumuker und andere Lesginer	90880	90880	—
21. Tataren	1509895	3737627	2227732
22. Kumyken	83389	83408	19
23. Nogaier	64040	640080	40
24. Türken	139419	208822	69403[1]
Im ganzen:	8888744	92041452	83152708

[1]) Vergl. II. Bd. russischer Volkszählung, S. 2, 5, 6—7, 8—9, 12—13. Die im Texte angegebenen männlichen und weiblichen Personen haben wir gleich zusammengerechnet.

Diese tabellarische Reihe gibt uns ein klares Bild über den Bestand und die Stärkeverhältnisse der verschiedenartigsten Völker bezw. Nationen im Kaukasus und derselben im Reich. Nach der Herkunft und nach den sog. Lokalisierungspunkten können wir diese Elemente in drei Kategorien klassifizieren:

1. Eingewanderte oder nichteinheimische Völker,
2. Einheimische im geographisch-territorialen Sinne und
3. Einheimische im echten oder eigentlichen Sinne.

Zugewandert sind alle Russen und andere slavischen (z. B. Polen, Tschechen) und westeuropäischen[1]) Volksgruppen im Kaukasus. Die Russen, obwohl relativ am stärksten vertreten und politisch herrschend, sind doch ethnographisch fremde Elemente im Kaukasus, erst später durch die Eroberung vom Norden und Westen eingedrungen. Von der Gesamtzahl der Russen im Reiche überhaupt ist nur eine kleine Minderheit von 3,76 % im Kaukasus vertreten. Also die eigentliche Heimat, die Lokalisierungspunkte der herrschenden Nation sind im Norden, Westen und Zentrum des Reiches zu suchen. Zu der zweiten Kategorie oder den einheimischen Völkern im geographischen Sinne gehören die Armenier, die iranischen (Perser, Osseтiner, Taten, Kurden u. a.) und die türko-tatarischen (sog. Aderbejdschanischen Tataren, Türken, Nogaier, Kumyken u. a.) Volksgruppen. Die eigentliche Heimat der Armenier befindet sich in Kleinasien, also außerhalb des russischen Gebietes, und außer einigen echt armenischen Provinzen des Transkaukasien (vorzugsweise im Gouvernement Eriwan) haben sich die Armenier in den letzten Jahrhunderten in den verschiedenen Teilen des Gesamtkaukasus ausgebreitet. Aber der geographische Konzentrationsraum des russischen Armeniertums ist eben der Kaukasus selbst, wo 95,31 % des gesamten armenischen Volkes im ganzen russischen Reiche wohnen. Dasselbe gilt für die oben erwähnten iranischen und türko-tatarischen Volksgruppen, welche im Laufe mehrerer Jahrhunderte durch die persischen, tatarischen und türkischen Eroberungen vom Osten in den Kaukasus eingedrungen sind und sich dort eingenistet haben. Auch von diesen Völkern, außer den echten Tataren, lebt die entschiedene Mehrheit (der Gesamtheit im Reiche) im Kaukasus, und zwar: 52,78 % von den Persern, 99,74 % von den Taten, 99,89 % von den Kurden, 99,65 % von den Ossetinern,

[1]) Von den westeuropäischen Nationen sind im Kaukasus am meisten die Deutschen vertreten, und zwar durch ihre blühenden Bauernkolonien. Die Zahl der Deutschen beläuft sich dort bis auf 49 000 Personen. (Kaukas. Kalender 1910, S. 543.)

66,81 % von den Türken, 99,94 % von den Nogaiern, 99,98 % von den Kumyken und schließlich 40,40 % von den Tataren. Diese letzteren sind die zahlreichsten und einflußreichsten unter allen mohammedanischen Elementen im Kaukasus, wie wir noch sehen werden. Die dritte Kategorie endlich umfaßt alle übrigen: die einheimischen Völker im eigentlichen Sinne des Wortes, die reinen Stammgenossen des Gebirgslandes, welche keine andere Heimat im Reiche und außerhalb desselben haben, als nur den Kaukasus: Hierher gehören die folgenden Sammelgruppen: die sog. Kartwelier oder Georgier (Grusiner, Imeretiner, Mingrelier, Swaneter), die Tscherkessen (Kabardiner, Tscherkessen im engeren Sinne), die Tschetschenzen (Abchasen, Tschetschenzen im engeren Sinne, Inguschen) und schließlich die Lesginer (Avaro-Andiner, Darginer, Küriner, Udiner, Kasi-Kumuker und die übrigen Lesginer). Unter allen diesen echt kaukasischenVölkern ist nur die erste Hauptgruppe (Georgier) die zahlreichste und kulturell entwickeltste; die anderen sind reine Bergvölker („kawkasskije Gorzy", wie es russisch lautet) mit ihrer primitiven und halbwilden Lebensweise. Die absolute Mehrheit dieser Volkselemente lebt, wie es aus der Tabelle ersichtlich ist, im Kaukasus (vorzugsweise in Transkaukasien), und zwar: 99,73 % von den Grusinern, alle Imeretiner mit Ausnahme einer Person, alle Mingrelier mit Ausnahme von zehn Personen und alle Swaneter. Von allen Georgiern zusammen lebt nur eine verschwindende Minderheit im übrigen Reiche, nämlich: 0,17 %. Von den Kabardinern leben im Kaukasus 99,98 %, von den Tscherkessen 93,62 %, von den Abchasen 99,07 %; alle übrigen: Tschetschenzen, Inguschen, Awaro-Andiner (mit Ausnahme von zwölf Personen), Küriner, Udiner und Kasikumuker leben nur im Kaukasus.

Alle hier aufgezählten Nationen und Völker in den drei großen Kategorien bilden die weitaus größte Mehrheit der kaukasischen Gesamtbevölkerung: 8 888 744 von 9 289 364, oder genau 95,70 % von der Gesamtheit. Die übrige Minderheit, 400 620 Personen oder 4,30 %, beziffern sich von den Fremden und von ganz unbedeutenden lokalen Volksgruppen. In welcher Stärke aber beteiligen sich die oben aufgezählten Nationen und Völker an der Gesamtheit der kaukasischen Bevölkerung? Das können wir aus den folgenden Verhältniszahlen ersehen. Die Prozente der einzelnen Gruppen von der Gesamtzahl der kaukasischen Bevölkerung:

I.			
1. Russen	33,94 %	3. Imeretiner	2,73 %
2. Grusiner	8,85 %	4. Mingrelier	2,58 %
		5. Swaneter	0,17 %

	II.	
	(Alle Georgier zusammen)	14,53 %
	III.	
6.	Armenier	12,04 %
7.	Perser	0,18 %
8.	Taten	1,01 %
9.	Kurden	1,08 %
10.	Ossetiner	1,84 %
	IV.	
	(Alle Iraner zusammen)	4,11 %
11.	Kabardiner	1,06 %
12.	Tscherkessen	0,47 %
	V.	
	(Alle Tscherkessen zusammen)	1,53 %
13.	Abchasen	0,77 %
14.	Tschetschenzen	2,44 %
15.	Inguschen	0,51 %
	VI.	
	(Alle Tschetschenzen zusammen)	3,72 %
16.	Awaro-Andiner	2,29 %
17.	Darginer	1,40 %
18.	Küriner	1,71 %
19.	Udiner	0,08 %
20.	Kasi-Kumuker u. a. Lesginer	0,98 %
	VII.	
	(Alle Lesginer zusammen)	6,46 %
21.	Tataren	16,26 %
22.	Kumyken	0,90 %
23.	Nogaier	0,70 %
24.	Türken	1,50 %
	VIII.	
	Alle Türko-Tataren zusammen)	19,36 %

In großen Gruppen zusammengefaßt bekommen wir:

I.	Russen	33,94 %
II.	Alle Georgier zusammen	14,53 %
III.	Armenier	12,04 %
IV.	Alle iranischen Gruppen zusammen	4,11 %
V.	Alle Tscherkessen zusammen	1,53 %
VI.	Alle Tschetschenzen zusammen	3,72 %
VII.	Alle Lesginer zusammen	6,46 %
VIII.	Alle Türko-Tataren zusammen	19,36 %
	im ganzen	95,70 %

Ein Staat wie der russische, oder jeder Landesteil von ihm im einzelnen genommen, wo ein beispielloses Gemisch von divergenten ethnographischen Einheiten und zentrifugalen politischen Gruppen wimmelt, in einem solchen Staate ist das Konzentrationsproblem der Bevölkerung von höchster Bedeutung. Das gilt für den Kaukasus in noch viel größerem Maßstabe; denn Rußland hat keinen anderen Landesteil aufzuweisen, wo auf einem verhältnismäßig kleinen Raume so viel verschiedenartige Volkselemente zusammen wohnen, wie es eben im Kaukasus der Fall ist. Über das Problem des geographisch-territorialen Zusammenlebens und des geschichtlichen Zusammenbindens der wirtschaftlichen und sozialpolitischen Schicksale der verschiedenartigsten Nationen und Völker, wurde in lebhaftester Weise während der Freiheitsbewegung in jüngster Vergangenheit (1905—07) diskutiert. Mit dem Siege der Reaktion in den nachfolgenden Jahren trat allerdings dieses Problem vom öffentlichen Leben zurück, aber es beschäftigt noch dauernd die sozialen und politischen Denker auf dem theoretisch-literarischen Gebiete. Mit der Bahnbrechung der bürgerlichen Freiheit wird in Zukunft immer wieder und in schärfster Form das Problem des Selbstbestimmungsrechtes der Nationen zutage treten. Es handelte sich darum, ob für den Kaukasus — um an unserem Beispiele festzuhalten — die Autonomie oder Föderation (als ein autonomes oder föderatives Glied mit dem übrigen Reiche) vom Standpunkte des sozialkulturellen Fortschrittes und der befriedigenden Lösung der Nationalitätenfrage wünschenswert und erstrebenswert wäre: Die Parteimeinungen waren verschieden, je nach dem Klassenstandpunkte und der historischen Auffassung der verschiedenen politischen Gruppierungen.

Uns interessiert im gegenwärtigen Falle das Problem in dem Sinne, ob die rein statistischen Tatsachen uns einen Aufschluß darüber geben, das politische Problem im nationalen und allgemein kulturellen Lichte beleuchten zu können. Unsere oben skizzierte Prozententabelle sagt uns in dieser Hinsicht vieles.

Unter den acht Sammelgruppen sind die Russen (33,94 %), Georgier (14,14 %) und Armenier (12,04 %), die mehr oder weniger europäisierten, kulturellen Elemente, welche in den Zentralpunkten Kaukasiens das große Wort führen. Sie bilden zusammen eine recht ansehnliche Majorität, nämlich 60,12 % von der Gesamtbevölkerung des Landes; eine Mehrheit, deren entsprechende Landesvertretung in einem kaukasischen Parlamente die kulturelle Entwicklung des Landes vor den Hemmungen der übrigen asiatisch zurückgebliebenen Elemente ganz gewiß würde sichern können. Diese letzteren, die schlechtweg mohammedanischen Gruppen, die soviel auch sprachlich ethnographisch zersplittert sein mögen, bilden ein Ganzes, welche mit mehr oder weniger Unterschied auf demselben Niveau der kulturellen Entwicklung stehen. Der herrschende Zug der asiatischen Traditionen und die Macht des religiösen Fanatismus ist bei ihnen noch zu stark, als daß sie sich leicht dazu bewegen ließen, den ökonomischen, sozialen und geistigen Fortschritt des Landes zu fördern. Sie bilden aber im ganzen 35,18 % von der Gesamtbevölkerung und können gegen die vereinigten Kräfte der kulturellen Elemente nicht aufkommen.

Die friedliche Entwicklung des Landes des beispiellosen Völkergemisches setzt aber noch eine andere Mehrheit als Bedingung voraus: eine Mehrheit gegen die nationale Unterdrückung der herrschenden Dynastie. Auch diese Majorität kann in der kaukasischen Landesvertretung leicht zustande kommen, allerdings durch andere Kombinationen der Gruppen.

In allen nationalen Fragen würde sich diese Majorität aus Georgiern, Armeniern, iranischen und türko-tatarischen Gruppen und Bergvölkern zusammensetzen, das sind 61,36 %. Gegen eine solche Mehrheit würden die politisch herrschenden Russen, mit ihren 33,94 %, machtlos sein, auf dem parlamentarischen Gebiete die kleinen Völker zu unterdrücken. Das ist ein solches Verhältnis der herrschenden Nation zu allen anderen, wie ungefähr dasjenige der Deutschen in Österreich zu allen nichtdeutschen Volksgruppen. Also nach zwei Richtungen hin, in der Sicherheit des kulturellen Fortschrittes wie in der Frage der nationalen Selbstbestimmungsrechte der kleinen Völker, würde das kaukasische Landesparlament einen realen Boden finden können.

4.

Die föderalistischen Tendenzen dieser Völker, besonders bei den Armeniern und Georgiern, sind soweit gegangen, daß sie selbst Transkaukasien von Nord- oder Ciskaukasien trennen und daraus eine politische Einheit bilden wollten, allerdings verbunden mit dem Reiche in föderativen Beziehungen. Auch diese Frage wollen wir hier statistisch illustrieren: wir wollen zur Evidenz feststellen, ob vom Standpunkte der oben behaupteten Prinzipien solche Bestrebungen der nationalistischen Elemente sich rechtfertigen lassen. Zu diesem Zwecke ist es notwendig, alle wichtigen Lokalisierungspunkte der kaukasischen Völker im Lichte der Statistik zu durchleuchten. Wie verteilen sich diese Völker in den uns bereits bekannten Gouvernements bezw. Gebieten des Kaukasus? Das ersehen wir aus der auf Seite 12 folgenden tabellarischen Reihe[1]):

---

[1]) II. Bd. der russischen Volkszählung, S. 38, 41, 42, 43, 44, 45, 48, 49. Der leichten Übersicht halber sind hier die Angehörigen der beiden Geschlechter und die einzelnen Völker in Sammelgruppen zusammengerechnet.

Diese Tabelle gibt uns einen überaus klaren Blick von den Konzentrationspunkten der einzelnen Volkselemente in den verschiedenen Gouvernements und Gebieten des Kaukasus. Am glücklichsten haben die Gesamtgeorgier abgeschnitten, welche fast vollzählig in ihrer eigenen Heimat konzentriert sind: In dem Gouvernement Kutais, wo fast $^2/_3$ aller Georgier wohnen und wo die Georgier nicht weniger als 82,20 % der Gesamtbevölkerung bilden. Weiter: im Gouvernement Tiflis, wo über ein Drittel aller Georgier wohnen und wo sie 44,50 % der Gesamtbevölkerung des Gouvernements Tiflis bilden. In den anderen Kreisen ist die Zahl der Georgier verschwindend gering: außerhalb der beiden oben erwähnten Gouvernements wohnen im übrigen Kaukasus insgesamt 13842 oder 1,03 % aller Georgier. Sehr stark konzentriert sind auch die Russen, und zwar nur in den drei Bezirken Ciskaukasiens: 55,01 % aller kaukasischen Russen wohnen nur im Kubangebiet, wo sie 90,57 % der Gesamtbevölkerung bilden, d. h. die absolut herrschenden Elemente sind; im Gouvernement Stawropol wohnen 27,04 % aller Russen und bilden 95,40 % der Gesamtbevölkerung. Schließlich wohnen im Terekgebiet 9,98 % aller Russen, wo sie aber $^1/_3$ (33,70 %) der Gesamtbevölkerung bilden. Die übrigen, ungefähr 8 % aller kaukasischen Russen, sind zerstreut in allen Gouvernements und Gebieten Transkaukasiens, wo sie überall, außer in dem kleinen Schwarzmeer-Gouvernement (wo von 57478 Einwohnern 34546 oder 60,10 % Russen sind) in der Minderheit sind. Sie bilden: im Karsgebiet 9,60 %, in den Gouvernements Baku 9,40 %, Tiflis 8,20 %, Jelisawetpol 2,03 %, Eriwan 1,90 %, Kutais 1,27 % und schließlich im Daghestangebiet 2,80 % der lokalen Bevölkerung. Durchschnittlich bilden die Russen in Transkaukasien im ganzen 5,20 % der Gesamtbevölkerung, während in Ciskaukasien deren Verhältniszahl bis auf ungefähr 78 % steigt. Allerdings hat die Bewegung der russischen Bevölkerung die Tendenz, viel rascher und massenhafter in Transkaukasien zuzunehmen, als die der anderen Völker: einmal, weil der Beamtenstand und das Heer im Kaukasus, die in absoluter Mehrheit aus Russen bestehen, fortwährend aus dem Zentrum und Norden des Reiches nach dort kommen, abgesehen von freien Ansiedlungen der zahlreichen russischen Geschäftsleute, und zweitens, weil die Regierung selbst bestrebt ist, durch innere Kolonisation russische Bauern vom Innern des Landes in Transkaukasien anzusiedeln. Immerhin bleiben die Russen bis auf weiteres in einer bescheidenen Minorität in Transkaukasien. Diese Tatsache hat bezüglich der neueren verfassungsmäßigen Bestrebungen der einheimischen Völker

		1. Gouvern. Baku	2. Daghestangebiet	3. Gouvern. Jelisawetpol	4. Karsgebiet
1. Russen (I.)		77681	16044	17875	27856
2. Grusiner 3. Imeretiner 4. Mingrelier 5. Swaneter	Alle Georgier zusammen (II.)	1678	405	1396	543
6. Armenier (III.)		52233	1636	292188	73406
7. Perser 8. Taten 9. Kurden 10. Ossetiner	Alle iranischen Gruppenzusammen (IV.)	95603	4553	5229	43762
11. Kabardiner 12. Tscherkessen	Alle Tscherkessen zusammen (V.)	41	58	10	90
13. Abchasen 14. Tschetschenzen 15. Inguschen	AlleTschetschenzen zusammen (VI.)	39	797	20	131
16. Awaro-Andiner 17. Darginer 18. Küriner 19. Udiner 20. Kasikumuker (u. a. Lesginer)	Alle Lesginer zusammen (VII.)	62945	450903	22594	476
21. Tataren 22. Kumyken 23. Nogaier 24. Türken	Alle Türko-Tataren zusammen (VIII.)	486327	85279	534097	65316

ihre schwerwiegende politische Bedeutung, wie wir weiter sehen werden.

Was für ein Bild bietet uns nun die Konzentration der anderen Völker?

Vom nationalpolitischen Standpunkte aus betrachtet, sind die Armenier am schlechtesten bestellt. Sie sind überall zerstreut und nirgends bilden sie eine ansehnliche Mehrheit der örtlichen Bevölkerung, außer etwa in dem Gouvernement Eriwan, wo sie um eine Kleinigkeit über die Hälfte der Gesamtbevölkerung stehen, nämlich bilden sie 53,16 %, welches ungefähr 40 % des armenischen Volkes im Kaukasus ausmacht. In den anderen Gouvernements und Gebieten, außer dem Gouvernement Jelisawetpol, wo die Armenier $^1/_3$ (33,26 %) der Gesamtbevölkerung bilden, stehen sie in bescheidener Minderheit, und zwar: ungefähr 19 % im Gouvernement

5. Kubangebiet	6. Gouvern. Kutais	7. Gouvern. Stawropol	8. Terekgebiet	9. Gouv. Tiflis	10. Gouv. Schwarzmeer	11. Gouv. Eriwan
1 737 908	13 443	853 192	314 644	85 822	34 546	15 937
961	868 766	174	6 707	467 631	1 390	588
13 926	24 063	5 385	11 803	196 189	6 285	441 000
2 225	5 420	254	100 894	71 813	246	50 445
52 828	172	49	86 658	14	1 159	1
12 521	59 550	23	270 570	2 302	17	18
984	411	330	18 323	43 040	62	109
12 122	47 439	23 054	95 879	132 148	914	313 438

Tiflis, 25,56 % im Karsgebiet, ungefähr 11 % im kleinen Gouvernement Schwarzmeer, 6,44 % im Gouvernement Baku, 2,27 % im Gouvernement Kutais, schließlich 1,26 % im Terek- und 0,72 % im Kubangebiet. Hinsichtlich der Konzentration stellen die Armenier das gerade Gegenteil von den Georgiern dar. Das Bild der Lokalisation bei den übrigen fünf Sammelgruppen ist recht verschieden. Die iranischen und türko-tatarischen Elemente sind beinahe ebenso zerstreut wie die Armenier, während die rein kaukasischen Bergvölker mehr den Georgiern ähneln. Im allgemeinen liegt das Übergewicht bei diesen Sammelgruppen in Transkaukasien, außer den Tscherkessen und Tschetschenzen, von denen der größte Teil im Terek- und Kubangebiet wohnt. Ungefähr 80 % von allen Tschetschenzen wohnen im Terekgebiet, wo sie 29 % der Gesamtbevölkerung bilden, während im Gouvernement Kutais sie nur

5,62 % bilden. Von den Tscherkessen wohnen nicht weniger als 99,40 % in den zwei Gebieten Ciskaukasiens: ungefähr 62 % im Terek- und 27,40 % im Kubangebiet, wo sie aber in schwacher Minderheit stehen; im ersten bilden sie 9,30 %, im zweiten ungefähr 3 % der Gesamtbevölkerung. Die Lesginer sind größtenteils, ungefähr 75 %, im Daghestangebiet konzentriert, wo sie nicht weniger als 79 % der Gesamtbevölkerung bilden. Ferner sind die Lesginer verhältnismäßig stark vertreten in den Gouvernements Baku (7,60 %) und in Tiflis (4 %). Die iranischen Volksgruppen sind in vielen Punkten fast gleich stark vertreten, ohne irgendwo eine Mehrheit zu bilden. So wohnen z. B. über $^1/_4$ (genau 26,57 %) der iranischen Elemente im Terekgebiet und $^1/_4$ (25 %) im Gouvernement Baku, wo sie jedoch nur 10,80 % und 11,56 % der Gesamtbevölkerung bilden. Ferner wohnen sie zerstreut im Karsgebiet (15,06 % der lokalen Bevölkerung) im Gouvernement Tiflis (ungefähr 7 %) und Eriwan (6,08 %). Viel auffallender ist die Konzentration der türko-tatarischen Volksgruppen in einigen Punkten Transkaukasiens: in den Gouvernements Jelisawetpol und Baku stehen sie in entschiedener Mehrheit: 60,80 % und 58,83 %; im Gouvernement Eriwan und Karsgebiet sind sie ziemlich stark vertreten: 30,91 % und ungefähr 23 %; dagegen in den Gouvernements Tiflis, Kutais und im Terekgebiet stehen sie in schwacher Minderheit: 12,60 %, 4,50 % und 10,26 %.

Welches ist nun das nationalpolitisch bedeutsame Fazit dieser statistischen Feststellungen? Welches Bild gewinnen wir jetzt von diesen neuen Gruppierungen speziell für Transkaukasien, wenn diese Hälfte des Gebirgslandes verfassungsmäßig sich verselbständigt, in autonomer oder föderativer Weise?

Soweit das politische Schicksal des Landes unter der Herrschaft der zentralistisch-bürokratischen Regierung steht, kommen sehr wenig in Betracht: einerseits die großen Vorteile der strikten Konzentration, der sog. homogenen Lokalisation eines Volkes, andererseits die ebenso großen Nachteile der territoriellen Zerstreutheit, des überall „Ein-bißchen-Seins" desselben. Denn dort wie hier führen das entscheidende Wort in politischen wie sozialen Dingen die Spitzen der Bureaukratie; das regulative Prinzip tragen die subjektiven Vertreter der Regierung und nicht die kollektive Volksvertretung — in staatlichem wie städtischem Maßstabe. Überall fehlt noch die gesellschaftliche Initiative, das freie Bürger- und Volkswahlrecht im europäischen Sinne des Wortes; denn überall herrscht unumschränkt die erdrückende Vormundschaft des Beamtenheeres, die starren Gebote der Kabinettzirkulare. Man braucht nur das nationalpolitische und soziale Leben der Völker in Österreich-Ungarn und in der schweizerischen Eidgenossenschaft mit demjenigen der Völker im russischen Reiche zu vergleichen, um den Sinn und die Bedeutung unserer Ausführungen sich klar vorzustellen: dort ein reges Leben, eine ungehinderte Äußerung des Kollektivwillens des Volkes, ein lebhafter Kampf unter den nationalen Kräften, hier ein arges, schlummerndes Dasein der gesellschaftlichen Kräfte, eine tote Stille des politischen Lebens. Erst wenn die Prinzipien der bürgerlichen Freiheit, der konstitutionellen Staatsform in Rußland wirklich durchgeführt werden, dann erst werden die oben erwähnten nationalpolitischen Folgen der einheitlichen Konzentration und buntscheckigen Verstreutheit der Völker klar zum Vorschein kommen.

Die Russen in Ciskaukasien, die Georgier in ihrer eigenen Heimat und die Türko-Tataren in zwei großen Gouvernements Transkaukasiens haben sehr feste Positionen. Mit 78 % stehen die Russen allen übrigen Völkern mit nur 22 % gegenüber; nur im Kubangebiet bilden sie 90,57 % gegen die Tscherkessen mit 3 %, Armenier mit 0,72 % und anderen kleinen Gruppen der Tschetschenzen und Türko-Tataren. Im Gouvernement Stawropol verschwinden die anderen Elemente gegen das absolute Übergewicht der Russen mit 95,40 %. In ihrer Heimat, in zwei der bevölkertsten Gouvernements Transkaukasiens: in Kutais und Tiflis, stehen die Georgier in einer starken Mehrheit von 63,36 % gegen die anderen Völker insgesamt mit 36,64 %. Im Gouvernement Kutais bilden die Georgier 82,20 % gegen die Armenier mit 2,27 %, Russen 1,27 %, Tschetschenzen 5,62 % und Türko-Tataren 4,50 %. Im Gouvernement Tiflis ist die Stärke der Georgier nur relativ groß: gegen die 44,50 % stehen die Armenier mit 19 %, Russen mit 8,20 %, Lesginer mit 4 %, iranischen Elemente 7 %, Türko-Tataren 12,60 % usw. Also relativ stehen die Georgier wieder in geschlossener Mehrheit gegen jede einzelne Volksgruppe. In zwei großen Gouvernements Transkaukasiens, in Jelisawetpol und Baku, bilden die Türko-Tataren eine absolute Mehrheit mit 60,80 % und 58,83 %; im ersten stehen ihnen gegenüber: die Armenier mit 33,26 %, Russen mit 2,03 %; im zweiten die Russen mit 9,40 %, Armenier mit 6,44 %, die iranischen Gruppen mit 11,56 % und Lesginer mit 7,60 %. Die Armenier stehen nur in ihren heimatlichen Provinzen des Gouvernements Eriwan in der Mehrheit mit 53,16 %, und zwar gegen die Türko-Tataren mit 30,91 %, die iranischen Gruppen (vorzugsweise Kurden) mit 6,08 %

und Russen mit 1,90 %. Im Karsgebiet, in dieser ehemaligen türkisch-armenischen Provinz, sind die Armenier relativ etwas stärker vertreten als die anderen Volkselemente: gegen 25,56 % Armenier stehen ungefähr 23 % Türko-Tataren, 15,06 % iranische Völker (größtenteils Kurden) und 9,60 % Russen. Somit kommen die Armenier in Berührung meistenteils mit mohammedanischen Elementen, und zwar in den Gouvernements Eriwan, Jelisawetpol und in der Stadt Baku, ferner im Karsgebiet. Nur in dem ersteren sind sie in sicherer Mehrheit, in allen übrigen, auch im Karsgebiet, stehen sie gegen die beiden mohammedanischen Gruppen (Türko-Tataren und Iranier zusammen mit 38,06 %) in entschiedener Minderheit. Was die Bergvölker anbetrifft, so leben von diesen nur die Lesginer in absoluter Mehrheit im Daghestangebiet, nämlich mit 79 % der Gesamtbevölkerung, denen gegenüber stehen die Türko-Tataren mit ungefähr 15 %, Russen mit 2,80 % und Iranier mit ca. 0,80 %. Von den anderen bilden die Tschetschenzen (29 %) und Tscherkessen (9,30 %) eine relative Mehrheit von 38,30 % im Terekgebiet; denen gegenüber stehen die Russen mit 33,70 %, die iranischen Gruppen mit 10,80 %, Türko-Tataren mit 10,26 %, Lesginer mit ungefähr 2 % und die Armenier mit 1,26 %.

Nach diesen Einzeldarstellungen ist es leicht, das nötige Resümee für die zwei großen Hälften unseres Gebirgslandes: für Trans- und Ciskaukasien, zu machen. Unser Unterscheidungskriterium war, wie erinnerlich, der Stand der geschichtlich-kulturellen Entwicklung. In Nord- oder Ciskaukasien steht, wie wir sahen, die kompakte und geschlossene Masse der Russen in einer absoluten Mehrheit gegen die kulturell noch sehr zurückgebliebenen Elemente der einheimischen Völker. In Transkaukasien, im eigentlichen Herde des babylonischen Völkergemisches, ist dagegen die Frage kompliziert genug. Hier zeigen uns die Gruppierungen der kulturellen und nichtkulturellen Volkselemente ein anderes Bild, als das für den Gesamtkaukasus der Fall war; gegen die 24,13 % Georgier, 19,54 % Armenier und 5,20 % Russen in Transkaukasien, also gegen die 48,87 % kultureller Volksgruppen steht das Übergewicht der großen buntscheckigen Masse, bestehend aus den Bergvölkern und aus den iranischen und türko-tatarischen Gruppen, die trotz sehr vieler Unterschiede untereinander doch eins miteinander gemein haben: mit mehr oder weniger Unterschied stehen sie alle auf derselben niedrigen geschichtlichen Stufe der kulturellen Entwicklung. Daraus folgt, daß eine eigene Landesvertretung (Parlament) für Transkaukasien vom objektiven Standpunkte des kulturellen Fortschrittes des Landes aus nicht erwünscht sein kann.

Man darf uns bei diesen Ausführungen nicht mißverstehen. Wir sind keineswegs der Ansicht, daß die Politik eines Landes geführt und die Kulturfragen einfach auf Grund des Übergewichts der summarischen Höhe der daran beteiligten Nationen bezw. Völker gelöst werden. Wir wissen, daß nicht die religiöse und nationale Angehörigkeit, sondern die realen Interessen und Machtverhältnisse die wirkliche Grundlage der Parteigruppierungen und der politischen Konstellationen bilden. Nicht das summarische Übergewicht dieser oder jener Völker, sondern der Stärkegrad der herrschenden Klasse wird ausschlaggebend sein: die Richtung und das Tempo des kulturellen Fortschrittes werden nicht von der Nationalitäten-, sondern von der Klassenpolitik abhängig sein. Die herrschenden Schichten der christlichen und muselmännischen Bevölkerung werden sich in der Arena des parlamentarischen Kampfes ebenso verbrüdern und gemeinsame Sache machen, wie die unteren Schichten derselben. Aber unsere Betrachtungen haben nur einen allgemeinen Charakter, ohne auf die inneren Nuancen der Klassenpolitik einzugehen. Andererseits wollen wir hervorhebend hinzufügen, daß es noch lange, lange dauern wird, bis die Kampfplattform und die Kampfmittel der europäisch gearteten Klassenpolitik in die halbwilde Gegend des Gebirgslandes eingeführt werden und daß bis dahin die Regierungsagenten einerseits, die Befürworter des reaktionären Feudalismus andererseits die unbewußte Masse der zurückgebliebenen Völker im Namen dieser Religion oder jener Nationallehre, tatsächlich aber für ihre eigenen versteckten Interessen als Spielzeug ausnutzen werden. Es ist noch nicht lange her seit der Zeit (1904 bis 1906), als die Polizeiagenten einerseits und die panislamistischen Ideologen andererseits die fanatischen Massen der türko-tatarischen Völker gehetzt und solche beispiellose, jahrelang dauernde, menschliches Leben wie Hab und Gut vernichtende Metzeleien entzündet haben, welche unter dem Namen armenisch-tatarischer Bürgerkrieg im Kaukasus bekannt sind. Schließlich mögen als typische Beispiele des kulturellen Befähigungsnachweises die Selbstverwaltungskörper der größten Städte des Kaukasus, Tiflis und Baku, dienen. Die Armenier und Russen können in der städtischen Duma von Baku nicht den konservativen Starrsinn der tatarischen Mehrheitsvertreter besiegen, und deshalb ist Baku, eine der reichsten Industriestädte im ganzen Reiche überhaupt, in allgemein kultureller

Beziehung noch sehr zurückgeblieben, während Tiflis, welches hinter dem Reichtum von Baku himmelweit zurücksteht, dank den fortschrittlich-kulturellen Elementen in der Stadtduma (bestehend aus Armeniern, Georgiern und Russen) eine hübsche, europäische, blühende Stadt geworden ist.

Das sind eben verschiedene Folgen der verschiedenartigen Lokalisierungen der unzählig vielen Völker des Kaukasus.

5.

Nachdem wir ein klares Bild über die Bestandteile, Stärkeverhältnisse und Konzentrationspunkte der verschiedenen Volksgruppen im Kaukasus gewonnen haben, wollen wir weiter eine andere, und zwar nicht minder wichtige Seite der kaukasischen Bevölkerung kennen lernen: die Ausbreitung derselben in Stadt und Land.

Die Gesamtbevölkerung Kaukasiens verteilt sich:

In den Städten			Auf dem Lande		
männlich	weiblich	zusammen	männlich	weiblich	zusammen
682728	517528[1]	1200256	4203985	3858123[1]	8089108

In Prozenten:

in den Städten			auf dem Lande		
männlich	weiblich	zusammen	männlich	weiblich	zusammen
14%	11,77%	13%	86%	88,23%	87%

Es fällt gleich ins Auge der ungeheure Unterschied, den die Bevölkerung eines noch durch und durch agrarischen und patriarchalischen Landes in ihrer städtischen und ländlichen Verteilung aufzuweisen hat. Der Unterschied der Verteilung des weiblichen Geschlechts in Stadt und Land ist noch größer: den 11,77% gegenüber stehen 88,23%; während beim männlichen das Verhältnis ist: 14:86%. Das erklärt sich daraus, daß es unter den aus dem Lande in den Städten Angesiedelten viele gibt, die ihre weiblichen Familienangehörigen auf dem Lande zurückgelassen haben.

Allerdings gestaltet sich, wie die Konzentration in den Verwaltungsgebieten, so auch die Einteilung der kaukasischen Völker in Stadt und Land ganz verschieden, je nach den Arten und Formen der Beschäftigung dieser Völker.

[1]) Siehe Bd. I. der russischen Volkszählung, S. 16.

Die Verteilung der kaukasischen Völker in Stadt und Land:

	In den Städten			Auf dem Lande		
	männl.	weibl.	zusamm.	männl.	weibl.	zusamm.
I.						
1. Russen	285872	237233	523105	1342040	1289753	2631793
2. Grusiner	57338	39649	96987	378156	346577	724733
3. Imeretiner .	10768	6412	17180	125276	130728	256004
4. Mingrelier ..	7834	3696	11530	114402	113683	228085
5. Swaneter ..	85	9	94	7801	7861	15662
II.						
Georg. zus.	76025	49766	125791	625335	598849	1224484
III.						
6. Armenier ...	132386	106483	238869	457652	421573	879225
7. Perser	8020	1884	9904	4587	2254	6841
8. Taten	2084	2015	4099	48206	42751	90957
9. Kurden	735	404	1139	52189	46508	98697
10. Ossetiner ...	3626	2007	5623	85926	79568	165494
IV.						
Iraner zus.	14465	6310	20765	190908	170781	361998
11. Kabardiner	336	172	508	50436	47594	98030
12. Tscherkessen	361	197	558	22362	20412	42774
V.						
Tscherk. zus.	697	369	1066	72798	68006	130804
13. Abchasen ..	262	81	343	37415	34345	71760
14. Tschetschenzen .	637	264	901	115715	109910	225625
15. Inguschen ..	441	100	541	23515	23353	46868
VI.						
Tschetschenzen zus.	13040	445	1785	176645	167608	344253
16. Awaro-Andiner	3573	1948	5521	104313	102846	207159
17. Darginer ...	1013	734	1847	63593	64769	128362
18. Küriner	2674	2472	5146	77528	76539	154067
19. Udiner	11	—	11	3795	3294	7089
20. Kasi-Kumuker u.a.Lesginer	1220	422	1642	41036	28204	85240
VII.						
Lesginer zus.	8591	5576	14167	290265	295652	581917
21. Tataren	100122	77754	177876	733836	598083	1331919
22. Kumyken ..	2033	1488	3521	41939	37929	79868
23. Nogaier	240	21	261	34413	29366	63779
24. Türken	5938	3094	9032	68928	61459	130387
VIII.						
Türk.-Tat. zus.	108333	82357	190690	878116	726837	1605953[1]

[1]) Bd. II. der russischen Volkszählung, S. 8—9, 12—13.

	Prozente der städtischen Bevölkerung: männlich	weiblich	zusammen
I.			
1. Russen	17,60 %	15,53 %	16,60 %
2. Grusiner	13,16 %	10,26 %	11,80 %
3. Imeretiner	7,92 %	4,71 %	6,29 %
4. Mingrelier	6,40 %	3,14 %	4,80 %
5. Swaneter	1,08 %	0,11 %	0,60 %
II.			
Alle Georgier zusammen	10,83 %	7,67 %	9,30 %
III.			
6. Armenier	22,44 %	20,70 %	21,40 %
7. Perser	63,21 %	45,53 %	95,14 %
8. Taten	4,14 %	4,52 %	4,31 %
9. Kurden	1,39 %	0,86 %	1,14 %
10. Ossetiner	4,38 %	2,46 %	3,28 %
IV.			
Alle Iraner zusammen	7,04 %	3,56 %	5,42 %
11. Kabardiner	0,66 %	0,36 %	0,52 %
12. Tscherkessen	1,60 %	0,95 %	1,32 %
V.			
Alle Tscherkessen zusammen	0,95 %	0,54 %	0,87 %
13. Abchasen	0,70 %	0,24 %	0,47 %
14. Tschetschenzen	0,55 %	0,24 %	0,40 %
15. Inguschen	1,84 %	0,43 %	1,14 %
VI.			
Alle Tschetschenzen zusammen	0,75 %	0,26 %	0,51 %
16. Awaro-Andiner	3,22 %	1,86 %	2,60 %
17. Darginer	1,72 %	1,12 %	1,42 %
18. Küriner	3,33 %	3,13 %	3,23 %
19. Udiner	0,30 %	—	—
20. Kasi-Kumuker u. a. Lesginer	2,88 %	0,88 %	1,89 %
VII.			
Alle Lesginer zusammen	2,87 %	1,85 %	2,37 %
21. Tataren	12,00 %	11,50 %	11,78 %
22. Kumyken	4,62 %	3,77 %	4,22 %
23. Nogaier	0,70 %	0,07 %	0,40 %
24. Türken	8,00 %	4,80 %	6,50 %
VIII.			
Alle Türko-Tataren zusammen	10,98 %	10,17 %	10,61 %

Zur Veranschaulichung der Verhältniszahlen greifen wir noch von der Tabelle die acht Sammelgruppen heraus und wir bekommen:

	Prozente der Stadtbevölkerung		
	männlich	weiblich	zusammen
I. Russen	17,60 %	15,53 %	16,60 %
II. Alle Georgier	10,83 %	7,67 %	9,30 %
III. Armenier	22,44 %	20,17 %	21,40 %
IV. Alle Iraner	7,04 %	3,56 %	5,42 %
V. Alle Tscherkessen	0,95 %	0,54 %	0,87 %
VI. Alle Tschetschenzen	0,75 %	0,26 %	0,51 %
VII. Alle Lesginer	2,87 %	1,85 %	2,37 %
VIII. Alle Türko-Tataren	10,98 %	10,17 %	10,61 %

Nach der Verhältnisstärke der Stadtbevölkerung zur Landbevölkerung steht, wie klar ersichtlich, das armenische Volk mit 21,40 % (beider Geschlechter) an der Spitze aller übrigen Gruppen. Dann folgen die Russen (mit 16,60 %), Türko-Tataren (10,61 %), dann erst die Georgier (9,30 %); das sind die zahlreichsten und einflußreichsten Völker im Kaukasus. Am geringsten, ja verschwindend, sind die Bergvölker in den Städten vertreten, besonders die Tschetschenzen (0,51 %) und Tscherkessen (0,87 %). Vergleicht man die Stadteinwohner der einzelnen Volksgruppen mit denjenigen des Gesamtkaukasus, so bekommt man ein wesentlich anderes Bild: die Russen, als absolut am stärksten vertreten, bilden 43,58 % der kaukasischen Stadteinwohner. Dann erst folgen die Armenier mit 20 %, die Türko-Tataren mit 16 %, die Georgier mit 10,48 %.

Worin liegen aber die Ursachen dieser Erscheinung der mannigfachen Stärkeverhältnisse der Stadteinwohner in ein und demselben Territorium, geographisch wie politisch einheitlichem Gebiete? In dem Grade der Arbeitsteilung, der sozialen Differenzierung in Stadt und Land? In der Stufe der allgemein kulturellen Entwicklung? oder in der Tatsache des Wanderlebens der später gekommenen Elemente einerseits und der starren Seßhaftigkeit und patriarchalischen Gebundenheit der ursprünglich einheimischen Völker andererseits?

Weder das eine noch das andere allein genommen, sondern alle Momente mit mehr oder weniger Schärfe zusammengefaßt, können uns den Charakter dieser mannigfach gestalteten Erscheinung beleuchten. Wir können an dieser Stelle auf diese Ursachen nur im allgemeinen hinweisen; im nächsten Kapitel werden wir eingehend die einzelnen Berufsgruppen darstellen und damit ein klares Bild von den Hauptbeschäftigungsarten dieses und jenes Volkes in Stadt und Land gewinnen können.

Es ist wahr, daß die im modernen Sinne mehr oder weniger kulturell entwickelten, technisch-arbeitsteilig differenzierten Volkselemente unseres Gebirgslandes, die Russen, Armenier und alle Georgier, speziell die Grusiner darunter, mehr Stadteinwohner aufzuweisen haben, als die anderen zurückgebliebenen, mit Landwirtschaft, Jagd und Viehzucht beschäftigten Gruppen. Aber der kulturelle Grad allein ist nicht maßgebend, wenn wir in Betracht ziehen, daß von den einzelnen Völkern die Perser z. B. überwiegend in den Städten leben, und zwar mit 59,14 % (beider Geschlechter, die Männer allein gar mit 63,61 %). Diese Perser sind größtenteils unqualifizierte Arbeiter, sehr viele davon eingewandert aus Persien, und leben hauptsächlich in der Petroleumindustriestadt Baku. Andererseits kann die Tatsache der späteren Ausbreitung der nicht rein einheimischen Völker in den Städten wiederum kein alleingültiger Beweis sein, wenn wir uns vor Augen halten, daß die erst vor einem Jahrhundert in den Kaukasus eingewanderten Russen prozentuell weniger (im Vergleich mit der russischen Gesamtbevölkerung im Kaukasus) in den Städten wohnen, als wie die Armenier, welche sich vor mehreren Jahrhunderten in Georgien angesiedelt haben und welche ihre eigene Heimat im Osten Transkaukasiens, im Gouvernement Eriwan besitzen, und trotzdem sind die Armenier in den Städten verhältnismäßig stärker vertreten als die Russen. Wir sehen also, daß alle die oben erwähnten Ursachen ihre entsprechenden Wirkungen in der kaukasischen Bevölkerungseinteilung in Stadt und Land gehabt haben.

In der Tabelle ist weiter zu konstatieren, daß das weibliche Geschlecht in den Städten erheblich schwach vertreten ist, viel schwächer als auf dem Lande, ja bei manchen Völkern (so z. B. bei den Imeretinern, Darginern, Kasi-Kumukern) ist das weibliche Geschlecht auf dem Lande absolut wie relativ sogar stärker vertreten als das männliche.

II. Kapitel.

Berufsmäßige Gruppierung der kaukasischen Hauptvölker auf allen Gebieten des wirtschaftlichen und sozialen Lebens.

1.

Nach der vorhergehenden kurzen bevölkerungsstatistischen Skizze wollen wir dazu übergehen, ein kleines Bild von der Berufsstatistik der kaukasischen Bevölkerung zu geben. Haben wir bis jetzt erfahren, wo und wie die verschiedenartigsten Volksgruppen ausgebreitet, angegliedert und eingeteilt sind, in welchen Stärkeverhältnissen sie zu- und gegeneinander stehen, und welche Gruppierungen und Kombinationen von sozialkultureller und nationalpolitischer Tragweite eventuell stattfinden können, so wollen wir jetzt durch die Darstellung der Berufsgruppierungen einen Blick darauf werfen, wie die verschiedenen Volkselemente im Kaukasus berufsmäßig gruppiert und klassifiziert sind.

Hier kommen aber nicht mehr alle die uns schon bekannten Völker zur Besprechung, und das aus mehreren Gründen. Die Russen nicht, weil die auf Grund der Muttersprache erhobene Berufsstatistik auf deren Beschäftigungen im ganzen Reich sich bezieht und über die Berufsgruppierung der verschwindenden Minderheit des großen Reichsvolkes im Kaukasus keine gesonderten Angaben vorliegen. Die Bergvölker nicht, weil die gleichmäßigen und patriarchalischen Beschäftigungen dieser schlechtweg auf dem Lande konzentrierten Ackerbau-, Jagd- und Hirtenvölker kein mannigfaches Interesse darbieten. Hier werden nur von den einheimischen Völkern die Armenier, Georgier (mit ihren Untergruppen), Tataren, Türken und Perser, d. h. die zahlreichsten, einflußreichsten, wirtschaftlich mehr oder weniger zergliederten und sozial differenzierten Völker in Betracht kommen, deren Übergewicht und dichte Konzentration in der größten Hälfte[1]) unseres Gebirgslandes entscheidend ist. Von den Beschäftigungen der anderen Völker können hier nur einzelne partielle Vergleichsbeispiele herangezogen werden.

[1]) Die letztgenannten Völker bilden zusammen 72,84 % der Gesamtbevölkerung Transkaukasiens: 4052107 von 5563246 Einwohnern.

Ehe wir zu den einzelnen Berufsgruppierungen übergehen, wollen wir in großen Zügen den allgemeinen Stand der Betriebseinheiten betrachten.

Die Zahl aller Betriebe im Kaukasus betrug nach der Volkszählung 1573837, was 7,14% der Gesamtzahl aller Betriebe im Reiche bildet, d. h. ungefähr ein solches Verhältnis, wie die Einwohnerzahl des Kaukasus zu der Gesamtbevölkerung des Reiches steht. Auf einen Betrieb kommen im Kaukasus 5,9 Personen, während im Reiche 5,7, im europäischen Rußland 5,8, im Weichselgebiet 5,2, in Sibirien 5,6 und in Zentralasien 5,5 Personen kommen. Der Kaukasus hat also die größte Verhältniszahl aufzuweisen, wenn auch der Unterschied sehr unbedeutend ist.

Die Einteilung der Betriebe in Stadt und Land ist ebenso ungleichmäßig wie die der Einwohner selbst. Von der erwähnten Zahl sind im Kaukasus nur 223248 Betriebe oder im ganzen 14,20% städtische, während im Reiche dieselbe sich bis auf 15,13% beläuft.

Auf einen Betrieb kommen in den kaukasischen Gouvernements Personen beider Geschlechter:

1. Gouvernement Baku	6,1
2. Daghestangebiet	4,5
3. Gouvernement Jelisawetpol	6,2
4. Karsgebiet	7,6
5. Kubangebiet	5,7
6. Gouvernement Kutais	5,8
7. Gouvernement Stawropol	6,2
8. Terekgebiet	5,6
9. Gouvernement Tiflis	6,0
10. Gouvernement Schwarzmeer	5,4
11. Gouvernement Eriwan	7,1 [1]

In den Kreisen (Karsgebiet, Gouvernement Eriwan, Jelisawetpol, Stawropol usw.), wo sich eine größere Konzentration der ländlichen Bevölkerung befindet, kommt auch eine höhere Verhältniszahl für jede Betriebseinheit.

Die Zahl der Einzelbetriebe, ohne Dienst- oder Lohnpersonal, beträgt im Kaukasus 68191 (davon 22895 städtische und 45306 ländliche), was 7,65% der Gesamtzahl der Einzelbetriebe im Reiche bildet. Diejenigen Betriebe aber, welche zugleich Lohn- oder Dienstpersonal beschäftigen, hat folgende Einteilung aufzuweisen gehabt.

[1] Beilage des ersten Bandes der russischen Volkszählung, S. 8.

Die Zahl der Betriebe im Kaukasus, welche Lohn- oder Dienstpersonal beschäftigen:

1 Person	2—3 Personen	4—5 Personen	6—10 Personen	11 u. mehr Pers.
76527 Betriebe 6,25 % i. Reich	22836 Betriebe 5,38 % i. Reich	3269 Betriebe 4,24 % i. Reich	1397 Betriebe 4 % i. Reich	598 Betriebe[1] 5,80 % i. Reich

Je mehr Personen ein jeder Betrieb beschäftigt, desto kleiner wird deren Zahl, d. h. desto rascher konzentrieren sich die Betriebe. Charakteristisch ist das Verhältnis dieses fortschreitenden Prozesses zu demjenigen im ganzen Reiche. Mit der wachsenden Konzentration der Betriebe vermindert sich das Prozent der kaukasischen zu der Gesamtzahl der Betriebe im Reiche; das bedeutet, daß der Konzentrationsprozeß im Kaukasus rascher wächst als im Reiche. Dieser Prozeß erfährt allerdings in der letzten Reihe eine bedeutende Verschiebung und das erklärt sich wiederum dadurch, daß die Großbetriebe (Unternehmungen) im Zentrum, Norden und Westen des Reiches sich viel rascher konzentrieren als im Kaukasus.

Die Zahl der oben angeführten Betriebe im Kaukasus verteilt sich in Stadt und Land folgendermaßen:

1 Person		2—3 Personen		4—5 Personen		6—10 Personen		10 u. mehr Pers.	
in der Stadt	auf dem Lande	in der Stadt	auf dem Lande	in der Stadt	auf dem Lande	in der Stadt	auf dem Lande	in der Stadt	auf dem Lande
20227	56300	8787	14049	1352	1917	467	930	260	338
% der städtischen Betriebe:									
26,64 %		38,46 %		41,39 %		34,15 %		43,47 %	

Wie deutlich ersichtlich, mit dem Konzentrationsprozeß der Betriebe nimmt fast im selben Grade die Teilnahme der städtischen Betriebe an der Gesamtzahl zu und diejenige der ländlichen ab; das ist ein deutliches Zeichen dafür, daß auch im agrarischen Kaukasus die Tendenz der ökonomischen Entwicklung der industriellen Länder klar zutage tritt, die Konzentration der Betriebe in den Städten viel rascher wächst als auf dem Lande.

In welchem Verhältnisse stehen die mit Lohn- oder Dienstpersonal versehenen Betriebe in den Gouvernements zu der Gesamtzahl aller Betriebe? Das sehen wir aus den folgenden Zahlen.

[1]) II. Bd., S. 16—17.

	Prozent der Betriebe mit Lohn- oder Dienstpersonal	Prozent solcher Betriebe in den Städten
1. Gouvernement Baku	4,2%	11,5%
2. Daghestangebiet	3,2%	11,4%
3. Gouvernement Jelisawetpol	3,7%	10,9%
4. Karsgebiet	5,9%	9,5%
5. Kubangebiet	10,6%	15,2%
6. Gouvernement Kutais	8,0%	24,3%
7. Gouvernement Stawropol	8,5%	14,8%
8. Terekgebiet	6,5%	17,5%
9. Gouvernement Tiflis	10,0%	20,2%
10. Gouvernement Schwarzmeer	14,6%	21,2%
11. Gouvernement Eriwan	4,5%	14,2% [1]

In denjenigen Gouvernements bezw. Gebieten und Städten, welche Betriebskonzentrationen in größerem Maße aufzuweisen haben, ist daran der Anteil der Betriebe mit Lohn- oder Dienstpersonal auch bedeutend größer; denn jede Konzentration der Betriebsfunktionen bedingt durch sich die Vereinigung mehrerer Arbeitskräfte. Daß die ökonomischen Formen und Erscheinungen auch im Kaukasus im Flusse der Entwicklung begriffen sind, und zwar je weiter, im desto rascheren Tempo, das versteht sich ganz von selbst.

2.

Nach dieser allgemeinen Übersicht wollen wir jetzt die Berufsgruppierungen der kaukasischen Bevölkerung nach der statistischen Reihenfolge darstellen. Von den 65 Berufsgruppen haben mehr als 45 einen reinen und direkten ökonomischen Charakter, oder mit anderen Worten, dürfen als wirtschaftliche Berufsgruppen bezeichnet werden. Die übrigen haben entweder öffentlichen (indirekt ökonomischen) Charakter oder sind freie Professionen mannigfacher Art. Die nachfolgende Tabelle gibt uns darüber ein klares Bild.

[1] Beilage des ersten Bandes der russischen Volkszählung, Seite 10 und 12.

Tabelle I.
Die Gesamtbevölkerung des Kaukasus:

Berufsgruppen	Selbständige		Familienangehörige	
	männl.	weibl.	männl.	weibl.
1. Verwaltung, Gericht, Polizei ..	15949	91	9088	18529
2. Öffentl. (städt.) u. ständ. Dienste	5942	34	4758	8486
3. Private juridische Tätigkeit ..	714	25	578	1203
4. Militärkräfte	107388	12	2985	7142
5. Gottesdienste orthodoxer Konfession	7384	2225	5685	11427
6. Gottesdienste anderer christl. Konfessionen	1890	17	2103	3721
7. Gottesdienste nichtchristlicher Konfessionen	3308	1	3825	6008
8. Andere kirchliche Dienste.....	1251	23	823	1563
9. Schul- u. pädagogische Tätigkeit	5739	2394	3497	6689
10. Wissenschaft, Literatur, Kunst	1023	199	446	979
11. Ärztliche und sanitäre Tätigkeit	4114	1312	2480	5146
12. Dienste in Wohltätigkeitseinrichtungen	85	105	16	51
13. Private Tätigkeit und Dienst, Dienst- und Lohnpersonal	139610	60676	69767	123058
14. Rentiers und solche, die auf Kosten der Eltern oder Verwandten leben..............	23513	18334	26093	45318
15. Solche, die auf Kosten des Staates und der öffentlichen Einrichtungen leben (Pensionäre) .	15864	10339	3630	5445
16. In Gefängnissen	7859	269	3	5
17. Landwirtschaft	1176461	80514	2371285	3291365
18. Bienen- und Seidenzucht	2605	1435	3781	5921
19. Viehzucht	90309	2110	105996	134646
20. Forstwesen und Forstbetriebe .	8219	127	7104	11391
21. Jagd und Fischerei	11106	229	7860	12377
22. Ausbeutung von Erz- und verschiedenen Bergwerken	9042	69	2574	4864
23. Metallgießerei	280	2	169	352
24. Bearbeitung von Tierprodukten	7142	90	6196	10568
25. Holzbearbeitung	16591	107	11968	21523
26. Bearbeitung von Faserstoffen .	7056	17744	7549	13660
27. Metallbearbeitung	31133	135	21603	38215
28. Bearbeitung von Mineralstoffen	5476	130	4410	6914
29. Chemische Produktion	2444	59	1045	1962
30. Weinbau, Bier- und Metbrauerei	1292	33	643	1187
31. Prod. and. Getr. u. Gärungsstoffe	333	32	200	383
32. Bearbeit. v. Pflz. u. Tierprodukt.	16419	1595	12200	19932

Berufsgruppen	Selbständige		Familienangehörige	
	männl.	weibl.	männl.	weibl.
33. Tabak und Tabakfabrikat	1517	468	778	1540
34. Polygraphische Produktion	1983	61	786	1631
35. Produkt. d. physikal., optischen, musikal., Uhren- u. a. Instrumente	816	8	456	868
36. Juwelierwerkstätte, Prod. der Kultus- und Luxusgegenstände	3467	28	2724	4924
37. Zubereitung von Kleidungen ..	41082	10603	28666	51853
38. Bau-, Remont.- u. and. Arbeiten	49780	129	31938	58955
39. Equipage- und Schiffsbau	654	7	364	634
40. Beschäftigung i. d. Produktionen, die oben nicht erwähnt sind...	5992	124	2217	5042
41. Wasserverkehr	6459	158	2450	4857
42. Eisenbahnen	16431	472	8413	17777
43. Fuhrmannsgewerbe	20968	238	18864	31857
44. Andere ländliche Verkehrsmittel	4652	10	1400	2675
45. Post, Telegraph, Telephon ...	2995	167	1291	2883
46. Kredit- u. öffentl. Handelsanstalt.	554	15	360	758
47. Handelsvermittlung	1402	14	1040	2026
48. Handel überhaupt	19502	912	17361	30010
49. Handel mit lebendigem Vieh .	2022	27	2141	3677
50. Handel mit Kornprodukten ..	3508	110	2778	5072
51. Handel mit anderen landwirtschaftlichen Produkten	21645	1726	19468	33573
52. Handel m. Bau- u. Heizmaterialien	3398	110	3780	6165
53. Handel mit Hausgegenständen	951	75	718	1348
54. Handel mit verschiedenen Metallwaren, Maschinen u. Gewehren	848	34	804	1500
55. Handel m. Gewebe- u. Kleidungsgegenständen	11670	330	11688	19494
56. Pelz- und Lederhandel	1153	36	989	1755
57. Handel mit Luxus-, Kunst- und Kultusgegenständen	488	76	265	493
58. Handel m. übrigen Gegenständen	2153	106	1460	2532
59. Hausier- und Transporthandel	4304	349	4017	7294
60. Restaurationen, Hotels, Klubanstalten usw.	6588	872	3421	6028
61. Getränkehandel	6607	199	3878	7181
62. Reinigungs- u. hygien. Anstalten	4126	5522	5508	8668
63. Personen unbestimmter Berufe	10953	6465	8475	14448
64. Prostitution	39	1029	26	33
65. Unbekannte Beschäftigungen ..	6891	7163	4690	7059
Summa	1993139	238010	2893574	4164641[1])

[1]) Siehe die Tabelle Seite 298—99 des II. Bandes der russ. Volkszählung.

Das prozentuale Verhältnis der einzelnen Haupteinteilungen zu der Gesamtbevölkerung (9289364) des Kaukasus stellt sich folgendermaßen heraus:

Prozent der Selbständigen		Prozent der Familienangehörigen	
männlich	weiblich	männlich	weiblich
21,46%	2,56%	31,14%	44,84%
24,02%		75,98%	

Danach sieht man, daß nicht einmal ein ganzes Viertel der kaukasischen Bevölkerung berufsmäßig selbständig ist. Der Anteil der Frauen am Berufsleben ist verschwindend gering, eine Tatsache, die sich wohl durch die asiatischen Sitten und unentwickelten gesellschaftlichen Verhältnisse unseres Gebirgslandes erklärt. Um so größer ist der Anteil der unselbständigen Familienangehörigen bei den Frauen.

Charakteristisch ist weiter der Umstand, daß nach dem Verhältnis der männlichen Selbständigen zu der Gesamtbevölkerung der Kaukasus erst die vierte Stelle unter allen Landesteilen einnimmt. So z. B. bilden die männlichen Selbständigen:

im Reiche überhaupt	21,43 %
„ europäischen Rußland	20,92 %
„ Weichselgebiet	24,30 %
„ Kaukasus	21,46 %
in Sibirien	23,74 %
„ Zentralasien	22,13 %

Der Kaukasus hat fast das Durchschnittsverhältnis der Selbständigen im Reiche und nur das europäische Rußland steht in dieser Beziehung zurück. Im Weichselgebiet besteht fast $^1/_4$ der Gesamtbevölkerung nur aus männlichen Selbständigen.

Wie sich die kaukasische Bevölkerung in Stadt und Land gruppiert, zeigen uns die folgenden Zahlen:

In den Städten:				Auf dem Lande:			
Selbständige		Familienangehörige		Selbständige		Familienangehörige	
männl.	weibl.	männl.	weibl.	männl.	weibl.	männl.	weibl.
428966	72622	253762	444906	1564173	165388	2639812	3719735[1])
In Prozenten:							
21,52%	30,51%	8,80%	10,70%	78,48%	69,49%	91,20%	89,30%
22,48%		9,90%		77,52%		90,10%	

[1]) II. Bd., S. 299.

Über ein Fünftel aller Selbständigen beschäftigt sich in den Städten; das Verhältnis der Familienangehörigen in den Städten steht dagegen mehr zurück; das ist ein Beweis dafür, daß die Mehrheit der städtischen Selbständigen vom Lande in die Städte kommen, ohne Familienmitglieder mitzubringen. Das ist meistenteils der Fall bei den Arbeitern. Diese Einteilung in Stadt und Land bezeichnet nur das Verhältnis der Niederlassungen der beiden großen Kategorien: der Selbständigen und Familienangehörigen, aber keineswegs dasjenige der Beschäftigungen (etwa der gewerblichen oder landwirtschaftlichen) der städtischen und ländlichen Selbständigen mit ihrem Familienpersonal; dieses letzte Verhältnis werden wir erst später behandeln.

Die Stellung des Kaukasus unter den übrigen Landesteilen bezgl. der Einteilung der männlichen Selbständigen in Stadt und Land ist ziemlich günstig, direkt entsprechend seinem städtischen Entwicklungsgrade. Das Verhältnis der städtischen zu der Gesamtzahl aller Selbständigen zeigen uns die folgenden Prozentzahlen:

im Reiche überhaupt	22,20 %
„ europäischen Rußland	22,00 %
„ Weichselgebiet	29,55 %
„ Kaukasus..................	21,46 %
in Sibirien	14,33 %
„ Zentralasien	12,66 %

Die verhältnismäßig reichste und größte Städtebildung und das entwickelte städtische Geschäftswesen hat naturgemäß das Weichselgebiet aufzuweisen. Der Kaukasus weicht nur um eine Kleinigkeit, 0,54 %, vom europäischen Rußland ab. Dagegen Sibirien und namentlich Zentralasien, gemäß ihrer überwiegend ländlichen Lebensweise, stehen von den anderen Landesteilen weit zurück. Wir wollen aber noch weiter erfahren, wie sich die Einteilungen der Selbständigen und Familienangehörigen in den verschiedenen Gouvernements und Gebieten des Kaukasus gestaltet haben. Das ersehen wir aus der folgenden Tabelle auf Seite 31.

Die summarischen und prozentualen Unterschiede der Selbständigen in den einzelnen Bezirken sind recht verschieden. Die oberste Stufe reicht bis auf die Höhe von 44,22 % (männlich 39,28 %, weiblich 4,94 %) im Schwarzmeer-Gouvernement, die unterste bis 18,14 % (männlich 17,20 %, weiblich 0,94 %) im Gouvernement Eriwan, d. h. weniger als zweimal. Die übrigen Gouvernements bezw. Gebiete nehmen mittlere Stellungen ein (von 21,10 % bis

	Selbständige beiderlei Geschlechts	Familien-angehörige beiderlei Geschlechts	Prozent der Selbständigen männlich	Prozent der Selbständigen weiblich	Von der Gesamtzahl beide zusammen
1. Gouvernement Baku .	212557	614159	23,75 %	1,91 %	25,66 %
2. Daghestangebiet	149921	421233	22,65 %	3,60 %	26,25 %
3. Gouv. Jelisawetpol ..	188092	690323	20,00 %	1,43 %	21,43 %
4. Karsgebiet	68322	222332	22,52 %	1,00 %	23,52 %
5. Kubangebiet	475205	1443676	20,97 %	3,80 %	24,77 %
6. Gouvernement Kutais	248614	809627	21,26 %	2,23 %	23,49 %
7. Gouv. Stawropol	184327	688974	18,68 %	2,42 %	21,11 %
8. Terekgebiet	225921	708015	21,60 %	2,60 %	24,20 %
9. Gouvernement Tiflis .	302226	748806	25,57 %	3,18 %	28,75 %
10. Gouv. Schwarzmeer ..	25423	32055	39,28 %	4,94 %	44,22 %
11. Gouvernement Eriwan	150541	679015[1]	17,20 %	0,94 %	18,14 %

28,75 %). Eins ist im allgemeinen zu konstatieren, daß in denjenigen Bezirken, wo das Städtewesen und, was damit im Zusammenhange steht, ein lebhaftes Geschäfts- und Berufswesen entwickelt ist, dort ist auch ein größeres Prozent der Selbständigen zu finden, wie uns die Beispiele der Gouvernements Schwarzmeer, Tiflis und Baku, d. h. diejenigen der blühendsten Städte des Kaukasus zeigen. Die provinziell-landwirtschaftliche Gegend, wie z. B. das Gouvernement Eriwan, hat dagegen ein umgekehrtes Bild. Die auffallende Höhe des Prozentes der Selbständigen (männlichen wie weiblichen) im Schwarzmeer-Gouvernement ist teilweise durch massenhafte Einwanderung der Berufsleute aus anderen Gegenden zu erklären.

3.

Bevor wir die Berufsgruppierungen der Gesamtbevölkerung des Kaukasus in große Kategorien klassifizieren, gehen wir zunächst dazu über, die Gruppierungen der kaukasischen Völker im einzelnen darzustellen, wo wir erst die eigentliche Rolle und Position jedes Volkes im wirtschaftlichen Getriebe kennen lernen und feststellen können.

Einteilung der Bevölkerung nach den Berufsgruppen auf die Grundlage der Muttersprache jedes Volkes:

---

[1]) Bd. II, S. 318—21. Wir haben hier die Angehörigen beider Geschlechter zusammengruppiert.

Tabelle II.

Berufsgruppen	Armenier				Perser			
	Selbständige		Familienangehörige		Selbständige		Familienangehörige	
	männl.	weibl.	männl.	weibl.	männl.	weibl.	männl.	weibl.
Im Reiche	232419	19872	388878	531927	19055	363	5016	7289
1. Verwaltung, Gericht, Polizei	2029	9	1312	2596	88	1	51	47
2. Öffentliche (städtische) und ständische Dienste	751	1	590	1150	25	—	11	15
3. Private juridische Tätigkeit	225	15	165	320	1	—	—	—
4. Militärkräfte	4818	—	164	455	48	—	—	—
5. Gottesdienste orthodoxer Konfession	298	27	392	583	2	—	—	—
6. Gottesdienste anderer christl. Konfessionen	1721	10	1973	3414	2	—	—	1
7. Gottesdienste nichtchristlicher Konfessionen	50	—	53	73	60	—	18	27
8. Andere kirchliche Dienste	268	9	184	349	15	—	9	3
9. Schul- und pädagogische Tätigkeit	771	258	413	881	93	3	30	34
10. Wissenschaft, Literatur, Kunst	259	20	113	241	3	—	—	—
11. Ärztliche u. sanitäre Tätigkeit	509	122	314	580	73	3	41	80
12. Dienste in Wohltätigkeitseinrichtungen	4	19	2	6	1	—	—	—
13. Private Tätigkeit und Dienst, Dienst- und Lohnpersonal	20150	2590	9139	16526	5065	86	387	705
14. Rentiers und solche, die auf Kosten der Eltern oder Verwandten leben	4021	4100	4781	8467	146	46	154	204
15. Solche, die auf Kosten des Staates und der öffentlichen Einrichtungen leben (Pensionäre)	2045	1168	700	997	77	14	5	13
16. In Gefängnissen	934	29	1	—	187	5	—	—
17. Landwirtschaft	110212	4912	312233	394216	1587	26	1626	2260
18. Bienen- und Seidenzucht	504	86	806	1410	—	1	—	—
19. Viehzucht	3833	159	1737	2379	783	7	231	315
20. Forstwesen und Forstbetriebe	644	6	725	1170	17	—	4	4
21. Jagd und Fischerei	366	3	223	388	40	—	5	6
22. Ausbeutung von Erz	2170	18	391	691	417	—	34	48
23. Metallgießerei	34	—	11	16	—	—	—	—
24. Bearbeitung von Tierprodukten	1116	6	907	1545	52	1	22	27
25. Holzbearbeitung	2057	14	1357	2409	37	4	25	28
26. Bearbeitung von Faserstoffen	1046	1626	1111	1841	133	61	118	177
27. Metallbearbeitung	5624	14	4531	7933	238	1	70	77
28. Bearbeitung von Mineralstoffen	571	13	456	684	445	4	73	71
29. Chemische Produktion	652	14	326	621	232	—	5	13
30. Weinbau, Bier- und Metbrauerei	229	10	253	405	2	—	—	1

Berufsgruppen	Armenier				Perser			
	Selbständige		Familienangehörige		Selbständige		Familienangehörige	
	männl.	weibl.	männl.	weibl.	männl.	weibl.	männl.	weibl.
31. Produktion anderer Getränke und Gärungsstoffe	90	2	71	106	—	—	—	—
32. Bearbeitung von Pflanzen und Tierprodukten	3535	187	1936	3054	488	2	72	97
33. Tabak und Tabakfabrikat	711	4	314	652	15	—	1	1
34. Polygraphische Produktion	656	10	237	494	7	—	—	—
35. Prod. der physikal., optischen, musikal., Uhren-u.a. Instrumente	214	—	121	244	7	—	—	5
36. Juwelierwerkstätte, Prod. der Kultus- und Luxusgegenstände	1235	6	978	1795	26	—	5	6
37. Kleidungszubereitung	9773	1063	6067	12063	463	25	80	131
38. Bau-, Remontierungs-u.a. Arbeit.	9421	18	6186	11449	1511	—	183	361
39. Equipage- und Schiffsbau	173	—	39	110	1	—	—	1
40. Beschäftigung in den Produktionen, die oben nicht erwähnt sind	1314	31	198	791	158	—	16	26
41. Wasserverkehr	396	2	86	143	398	—	50	88
42. Eisenbahnen	603	12	285	542	720	—	14	24
43. Fuhrmannsgewerbe	2468	18	1592	3045	421	—	127	191
44. Andere ländliche Verkehrsmittel	881	2	324	618	297	—	9	7
45. Post, Telegraph, Telephon	363	29	173	325	6	—	—	3
46. Kredit- u. öffentl. Handelsanst.	208	5	128	322	17	—	5	13
47. Handelsvermittlung	627	5	450	914	60	1	21	51
48. Handel überhaupt	5580	187	3689	6739	707	9	362	524
49. Handel mit lebendigem Vieh	329	2	355	642	35	2	30	25
50. Handel- mit Kornprodukten	767	12	583	1114	64	—	20	26
51. Handel mit anderen landwirtschaftlichen Produkten	7661	143	6028	10896	1917	4	577	831
52. Handel m. Bau- u. Heizgs.-Mat.	400	11	372	704	22	—	16	22
53. Handel mit Hausgegenständen	260	5	195	373	29	—	6	4
54. Handel m. verschiedenen Metallwaren, Maschinen u. Gewehren	221	2	182	330	7	—	2	3
55. Handel mit Gewebe- und Kleidungsgegenständen	5656	92	4764	8266	300	1	143	201
56. Pelz- und Lederhandel	285	6	266	501	29	1	9	16
57. Handel mit Luxus-, Kunst- und Kultusgegenständen	200	16	110	207	52	—	6	2
58. Handel m. übrig. Gegenständen	718	15	396	659	134	1	28	40
59. Hausierungs- u. Transporthandel	839	31	623	1169	281	1	42	65
60. Restaurationen, Hotels, Klubanstalten usw.	1838	112	991	1778	424	1	91	88
61. Getränkehandel	2573	34	1605	2959	43	—	12	13
62. Reinigungs- u. hygien. Anstalten	1646	826	1683	2808	217	11	45	89
63. Personen unbestimmter Berufe	1585	728	1639	2615	174	11	71	86
64. Prostitution	11	41	4	3	4	10	—	1
65. Unbekannte Beschäftigungen	1201	957	791	1151	132	20	48	65

Tabelle III.

Berufsgruppen	Türken			
	Selbständige		Familienangehörige	
	männlich	weiblich	männlich	weiblich
Im Reiche	45393	1500	66747	95182
1. Verwaltung, Gericht, Polizei..	87	—	56	120
2. Öffentliche (städtische) und ständische Dienste	57	—	44	75
3. Private juridische Tätigkeit ..	2	—	1	2
4. Militärkräfte	354	—	33	49
5. Gottesdienste orthodoxer Konfession	—	1	3	—
6. Gottesdienste anderer christl. Konfessionen	—	—	—	—
7. Gottesdienste nichtchristlicher Konfessionen	255	—	134	228
8. Andere kirchliche Dienste.....	13	—	6	13
9. Schul- u. pädagogische Tätigkeit	75	6	21	41
10. Wissenschaft, Literatur, Kunst	3	—	—	1
11. Ärztliche und sanitäre Tätigkeit	12	6	3	9
12. Dienste in Wohltätigkeitseinrichtungen	2	—	—	—
13. Private Tätigkeit und Dienst, Dienst- und Lohnpersonal	2247	157	336	544
14. Rentiers und solche, die auf Kosten der Eltern oder Verwandten leben	285	130	349	574
15. Solche, die auf Kosten des Staates und der öffentlichen Einrichtungen leben (Pensionäre)	120	55	47	53
16. In Gefängnissen	128	2	—	—
17. Landwirtschaft	34434	767	63029	89729
18. Bienen- und Seidenzucht	5	1	1	9
19. Viehzucht	899	13	778	1079
20. Forstwesen und Forstbetriebe.	244	2	78	100
21. Jagd und Fischerei	365	—	63	31
22. Ausbeutung von Erz	138	—	7	7
23. Metallgießerei	24	—	—	—
24. Bearbeitung von Tierprodukten	54	—	36	43
25. Holzbearbeitung	66	—	45	63
26. Bearbeitung von Faserstoffen.	25	37	17	29
27. Metallbearbeitung	194	—	157	258
28. Bearbeitung von Mineralstoffen	212	1	22	29
29. Chemische Produktion	7	—	1	2
30. Weinbau, Bier- und Metbrauerei	14	—	2	—
31. Produktion anderer Getränke und Gärungsstoffe	4	20	1	2

Tabelle III.

Tataren				Grusiner (Georgier im engeren Sinne)			
Selbständige		Familienangehörige		Selbständige		Familienangehörige	
männlich	weiblich	männlich	weiblich	männlich	weiblich	männlich	weiblich
811 489	57 698	1 168 621	1 699 819	184 306	22 892	253 005	363 765
2 909	3	1 627	3 081	1 656	10	811	1 799
1 637	1	1 600	2 528	578	2	409	842
73	—	65	109	79	1	67	143
29 477	—	139	254	4 657	—	186	474
131	34	88	146	1 803	128	1 795	3 744
26	—	36	65	140	—	106	257
4 726	—	5 955	10 894	74	—	55	74
384	2	315	579	132	2	81	165
1 721	304	1 444	2 600	585	174	355	618
120	8	77	148	99	14	38	79
762	206	440	835	339	138	164	353
36	5	4	7	18	1	2	2
57 542	8 367	29 114	53 545	15 411	4 850	5 301	10 185
5 839	3 072	6 910	10 874	3 787	2 905	4 219	7 090
10 194	2 925	1 668	2 643	1 552	1 064	199	296
6 025	140	8	9	568	24	—	—
502 923	22 633	955 562	1 350 995	108 181	7 060	215 523	297 878
1 504	876	2 526	3 594	55	261	109	209
39 975	1 614	57 231	72 290	9 349	244	3 812	4 741
3 964	36	3 688	5 526	1 651	8	817	1 440
7 193	43	8 044	11 898	160	—	112	211
6 783	43	1 549	3 021	160	—	73	112
387	1	34	77	—	—	—	1
3 363	248	2 399	4 512	293	56	186	438
2 658	121	1 684	2 956	1 459	16	752	1 491
6 879	7 480	3 656	7 342	136	2 264	475	841
6 089	48	4 747	7 873	2 053	8	1 090	1 940
1 211	32	1 135	1 609	407	4	407	670
2 011	27	709	1 499	90	3	50	42
1 065	9	180	261	216	3	77	130
185	10	96	238	45	—	23	40

Berufsgruppen	Türken			
	Selbständige		Familienangehörige	
	männlich	weiblich	männlich	weiblich
32. Bearbeitung von Pflanzen und Tierprodukten	1552	4	167	120
33. Tabak und Tabakfabrikat	34	3	48	74
34. Polygraphische Produktion	11	—	10	15
35. Produktion. d. physikal., optisch., musikal., Uhren-u.a. Instrumente	7	—	3	2
36. Juwelierwerkstätte, Prod. der Kultus- und Luxusgegenstände.	20	—	5	5
37. Kleidungszubereitung	176	49	96	185
38. Bau-, Remontierungs- u. andere Arbeiten	874	1	127	160
39. Equipage- und Schiffsbau	10	—	5	2
40. Beschäftigung. in den Produktionen, die oben nicht erwähnt sind	25	—	7	17
41. Wasserverkehr	328	1	72	120
42. Eisenbahnen	34	—	2	1
43. Fuhrmannsgewerbe	160	1	88	149
44. Andere ländliche Verkehrsmittel	209	—	8	23
45. Post, Telegraph, Telephon	4	2	—	1
46. Kredit- u. öfftl. Handelsanstalten	2	—	—	—
47. Handelsvermittlung	17	—	13	19
48. Handel überhaupt	258	4	120	197
49. Handel mit lebendigem Vieh	48	2	60	113
50. Handel mit Kornprodukten	45	—	21	53
51. Handel mit anderen landwirtschaftlichen Produkten	418	7	170	269
52. Handel mit Bau- und Heizungsmaterialien	39	—	12	21
53. Handel mit Hausgegenständen	19	—	6	7
54. Handel mit verschiedenen Metallwaren, Maschinen und Gewehren	13	—	2	2
55. Handel mit Gewebe- und Kleidungsgegenständen	95	3	22	47
56. Pelz- und Lederhandel	16	—	9	14
57. Handel mit Luxus-, Kunst- und Kultusgegenständen	2	—	—	—
58. Handel mit übrig. Gegenständen	50	—	7	10
59. Hausierungs- u. Transporthandel	49	2	11	23
60. Restaurationen, Hotels, Klubanstalten usw.	222	1	45	40
61. Getränkehandel	42	—	25	44
62. Reinigungs- u. hygien. Anstalten	77	14	21	61
63. Personen unbestimmter Berufe	201	81	173	241
64. Prostitution	—	—	—	—
65. Unbekannte Beschäftigungen	111	127	43	57

Tataren				Grusiner (Georgier im engern Sinne)			
Selbständige		Familienangehörige		Selbständige		Familienangehörige	
männlich	weiblich	männlich	weiblich	männlich	weiblich	männlich	weiblich
5506	703	3291	5788	1567	112	718	968
166	11	114	215	274	2	84	233
296	9	130	278	250	2	98	238
145	2	110	197	52	—	24	48
502	7	365	696	260	4	159	253
11600	1840	7585	14264	3527	725	1970	3380
8973	17	6483	11951	4414	6	1979	3938
118	—	82	157	100	—	44	96
955	18	427	801	512	11	151	326
2107	13	1419	2714	343	1	51	73
1623	19	407	745	2845	38	997	1964
13401	54	10116	17648	1812	11	1152	1948
2199	7	750	1591	785	—	132	259
155	1	100	202	520	8	205	441
36	1	27	48	43	—	24	43
748	7	614	1271	80	—	34	83
9645	192	7997	14211	2088	38	1456	2512
1316	4	1310	2424	102	—	65	116
1393	17	1341	2510	95	1	67	88
13290	315	11998	21980	1835	103	1311	2377
1043	3	1041	1696	275	8	265	433
276	21	286	562	57	—	30	51
279	5	253	389	42	—	26	57
6259	84	5368	9151	876	15	847	1277
2165	34	2065	4103	47	1	39	64
168	11	65	102	50	4	29	30
958	17	647	1310	128	6	78	170
5702	68	2655	5517	539	17	724	1174
3300	130	1764	3536	1271	46	334	511
366	8	187	316	1970	25	825	1453
1907	825	1928	3026	603	629	787	1214
5038	3028	3555	5893	434	288	287	458
21	142	22	16	3	77	2	1
2032	1797	1389	2323	774	1474	716	1151

Tabelle IV.

Berufsgruppen	Imeretiner			
	Selbständige		Familienangehörige	
	männlich	weiblich	männlich	weiblich
Im Reiche	60596	6466	75449	130675
1. Verwaltung, Gericht, Polizei..	285	6	158	346
2. Öffentliche (städtische) und ständische Dienste...........	131	1	93	163
3. Private juridische Tätigkeit..	34	—	34	68
4. Militärkräfte.................	157	—	13	75
5. Gottesdienste orthodoxer Konfession......................	749	14	686	1493
6. Gottesdienste anderer christl. Konfessionen................	—	—	—	—
7. Gottesdienste nichtchristlicher Konfessionen................	—	—	—	—
8. Andere kirchliche Dienste.....	3	—	5	1
9. Schul- u. pädagogische Tätigkeit	156	18	86	150
10. Wissenschaft, Literatur, Kunst	5	—	2	19
11. Ärztliche und sanitäre Tätigkeit	83	23	47	81
12. Dienste in Wohltätigkeitseinrichtungen.................	—	—	—	—
13. Private Tätigkeit und Dienst, Dienst- und Lohnpersonal....	2446	1634	421	874
14. Rentiers und solche, die auf Kosten der Eltern oder Verwandten leben	1482	521	1566	2906
15. Solche, die auf Kosten des Staates und der öffentlichen Einrichtungen leben (Pensionäre)	271	212	39	74
16. In Gefängnissen............	273	—	—	—
17. Landwirtschaft.............	46719	2431	68974	118608
18. Bienen- und Seidenzucht.....	3	4	10	1
19. Viehzucht..................	303	50	22	51
20. Forstwesen und Forstbetriebe.	127	—	26	36
21. Jagd und Fischerei..........	8	—	4	2
22. Ausbeutung von Erz.........	256	—	23	51
23. Metallgießerei..............	—	—	—	—
24. Bearbeitung von Tierprodukten	40	2	17	28
25. Holzbearbeitung............	409	—	184	235
26. Bearbeitung von Faserstoffen.	20	491	31	122
27. Metallbearbeitung..........	590	3	272	384
28. Bearbeitung von Mineralstoffen	60	—	66	132
29. Chemische Produktion.......	7	—	1	2
30. Weinbau, Bier- und Metbrauerei	4	—	1	5
31. Produktion anderer Getränke und Gärungsstoffe..........	10	—	9	14

Tabelle IV.

Mingrelier				Swaneter			
Selbständige		Familienangehörige		Selbständige		Familienangehörige	
männlich	weiblich	männlich	weiblich	männlich	weiblich	männlich	weiblich
49 860	5 032	72 385	112 348	2 323	358	5 563	7 512
163	—	55	139	26	—	—	—
122	—	52	97	2	—	—	1
12	—	9	28	—	—	—	—
600	—	23	21	42	—	—	—
612	62	592	1 082	24	—	20	39
—	—	—	—	—	—	—	—
—	—	—	—	—	—	—	—
3	—	—	5	—	—	—	—
98	15	35	62	3	—	2	3
2	—	—	4	1	—	—	—
35	6	20	34	—	1	—	1
—	—	—	—	—	—	—	—
1 678	1 320	125	255	60	78	15	9
2 503	648	2 703	4 899	38	3	72	107
258	285	26	37	32	14	—	2
256	3	—	—	2	—	—	—
38 349	1 817	67 180	103 277	1 940	240	5 441	7 339
4	49	3	17	—	—	—	—
254	10	48	16	25	—	3	1
137	—	4	10	19	—	—	—
34	—	16	28	—	—	—	—
3	—	2	10	—	—	—	—
—	—	—	—	—	—	—	—
248	1	37	48	—	—	—	—
186	—	47	59	1	—	—	—
3	28	—	4	—	—	—	—
288	2	121	192	2	—	2	—
28	—	2	5	—	—	—	—
12	—	—	2	—	—	—	—
7	—	1	3	—	—	—	—
8	—	—	1	—	—	—	—

Berufsgruppen	Imeretiner			
	Selbständige		Familienangehörige	
	männlich	weiblich	männlich	weiblich
32. Bearbeitung von Pflanzen und Tierprodukten	354	26	97	129
33. Tabak und Tabakfabrikat	33	—	20	37
34. Polygraphische Produktion	28	—	8	13
35. Produktion. d. physikal., optisch., musikal., Uhren-u.a. Instrumente	8	—	3	8
36. Juwelierwerkstätte, Prod. der Kultus- und Luxusgegenstände	72	—	13	36
37. Kleidungszubereitung	1247	82	384	744
38. Bau-, Remontierungs- u. andere Arbeiten	934	—	500	899
39. Equipage- und Schiffsbau	44	—	23	39
40. Beschäftigung in den Produktionen, d. oben nicht erwähnt sind	27	3	20	73
41. Wasserverkehr	12	1	6	8
42. Eisenbahnen	422	1	151	319
43. Fuhrmannsgewerbe	181	1	80	144
44. Andere ländliche Verkehrsmittel	129	—	49	88
45. Post, Telegraph, Telephon	91	2	41	66
46. Kredit- u. öfftl. Handelsanstalten	21	—	9	27
47. Handelsvermittlung	10	1	6	1
48. Handel überhaupt	346	6	232	385
49. Handel mit lebendigem Vieh	6	—	1	—
50. Handel- mit Kornprodukten	9	—	4	6
51. Handel mit anderen landwirtschaftlichen Produkten	485	4	240	387
52. Handel mit Bau- und Heizungsmaterialien	29	1	23	48
53. Handel mit Hausgegenständen	6	—	—	1
54. Handel mit verschiedenen Metallwaren, Maschinen und Gewehren	25	—	10	16
55. Handel mit Gewebe- und Kleidungsgegenständen	217	3	147	215
56. Pelz- und Lederhandel	18	1	9	12
57. Handel mit Luxus-, Kunst- und Kultusgegenständen	14	6	3	14
58. Handel mit übrig. Gegenständen	27	1	9	11
59. Hausierungs- u. Transporthandel	24	—	5	8
60. Restaurationen, Hotels, Klubanstalten usw.	171	16	67	131
61. Getränkehandel	493	8	192	377
62. Reinigungs- u. hygien. Anstalten	94	117	71	126
63. Personen unbestimmter Berufe	97	43	55	95
64. Prostitution	1	15	—	1
65. Unbekannte Beschäftigungen	290	718	181	290

Mingrelier				Swaneter			
Selbständige		Familienangehörige		Selbständige		Familienangehörige	
männlich	weiblich	männlich	weiblich	männlich	weiblich	männlich	weiblich
116	—	16	35	—	—	—	—
2	—	—	—	1	—	—	1
6	—	—	—	—	—	—	—
10	—	6	5	—	—	—	—
37	—	16	24	—		—	—
482	54	101	141	—	1	—	—
401	—	72	137	80	—	—	—
8	—	7	11	—	—	—	—
53	—	10	31	1	—	—	—
63	—	26	47	—	—	—	—
218	4	102	184	—	—	1	1
188	1	65	88	—	—	—	—
121	—	2	5	—	—	—	—
26	—	4	7	1	—	—	—
4	1	4	8	—	—	—	—
8	—	14	10	—	—	—	—
410	7	212	336	1	—	—	—
—	—	—	—	—	—	—	—
31	—	14	29	—	—	2	—
465	7	162	274	1	—	—	—
69	2	49	61	—	—	—	—
14	—	4	6	—	—	—	—
5	—	—	12	—	—	—	—
370	7	155	218	—	—	—	—
1	—	—	1	—	—	—	—
9	1	—	—	—	—	—	—
24	—	16	12	—	—	—	—
10	—	7	4	—	—	—	—
197	8	36	39	—	—	—	—
207	4	49	84	—	—	—	—
15	74	15	31	—	—	—	—
80	38	19	49	2	2	1	2
1	3	2	1	—	—	—	—
296	575	99	123	18	35	4	6

4.

Nachdem wir die Berufsgruppen der kaukasischen Völker im ganzen und im einzelnen dargestellt haben, wollen wir den Faden unserer Zahlenoperationen weiterspinnen: einen Schritt weitergehen, den die Volkszählung weder getan hat, noch die Aufgabe hatte, es zu tun. Wir wollen die Berufsgruppen der angeführten Völker nach den identischen oder ähnlichen Merkmalen der Berufsfunktionen in große Berufsklassen einteilen. Erst dadurch wird es uns möglich sein, über die Klassenschichtung oder soziale Differenzierung der Völker ein klares Bild zu gewinnen.

65 Berufsgruppen ordnen wir etwa nach dem Muster der deutschen Reichsstatistik in sieben (A, B, C, D, E, F und G) Berufsklassen ein. Hier aber verfahren wir nicht nach der Reihenfolge der statistischen Erhebungen der Volkszählung, sondern nach dem Kriterium der Wichtigkeit und des quantitativen Übergewichts der beschäftigten Personen jeder Berufsklasse. Danach bekommen wir folgende Reihen.

Wir fassen zunächst in der ersten oder Berufsklasse A fünf Berufsgruppen zusammen, und zwar: Landwirtschaft (Nr. 17), Bienen- und Seidenzucht (Nr. 18), Viehzucht (Nr. 19), Forstwesen und Forstbetriebe (Nr. 20), Jagd und Fischerei (Nr. 21), unter der allgemeinen Rubrik: Landwirtschaft, Forstbetrieb, Fischerei usw. Die zweite oder Berufsklasse B umfaßt die nachfolgenden Berufsgruppen: Von Nr. 22—40 (einschließlich Nr. 40) und noch die Berufsgruppe Nr. 62, d. h. alle Zweige der Industrie und des Bergbaues sowie des Bauwesens unter der allgemeinen Rubrik: Industrie und Bergwerk. Die dritte oder Berufsklasse C soll alle Berufsgruppen über Handel, Verkehr und Schankwirtschaft umfassen: Von Nr. 41—61 (einschließl.) unter der Rubrik: Handel und Verkehr. Als vierte oder Berufsklasse D wollen wir die Berufsgruppe Nr. 13 bezeichnen, und zwar unter der Rubrik: Wechselnde Lohnarbeit, häusliche Dienstleistung. Unter der fünften oder Berufsklasse E wollen wir die liberalen oder freien Berufe, Verwaltungs-, Militär-, Kirchen- und verschiedene öffentliche Dienste zusammenfassen: die Berufsgruppen von Nr. 1—12 (einschl.) unter der Rubrik: Freie Berufe und öffentliche Dienste verschiedener Art. Als sechste oder Berufsklasse F wollen wir die beiden Berufsgruppen Nr. 14 und Nr. 15 bezeichnen, welche entweder vom eigenen Vermögen oder auf Kosten der Verwandten und des Staates leben, und zwar unter der Rubrik: Rentiers und

Pensionäre verschiedener Art. Schließlich fassen wir unter der siebenten oder Berufsklasse G alle übrigen Berufsgruppen zusammen: Nr. 16 und Nr. 63—65 (einschl.), und zwar unter der Rubrik: Sonstige und unbekannte Berufe. Nach dieser Reihenfolge klassifiziert, bekommen wir folgende Tabellen.

Tabelle 1.

Die Berufsklassen der Gesamtbevölkerung des Kaukasus.

Berufsklassen	Selbständige		Familienangehörige		Zusammen
	männl.	weibl.	männl.	weibl.	
A. Landwirtschaft usw. .	1 288 700	84 315	2 496 126	3 455 700	7 324 841
B. Industrie usw.	206 625	36 946	141 949	253 675	639 240
C. Handel und Verkehr . .	138 300	5 946	106 586	188 956	439 788
D. WechselndeLohnarbeit, häusl. Dienstleistung .	139 610	60 676	69 767	123 058	393 111
E. Freie Berufe und öffentliche Dienste	154 787	6 418	36 284	70 944	268 433
F. Rentiers und Pensionäre verschiedener Art	39 377	28 673	29 723	50 763	148 536
G. Sonstige u. unbekannte Berufe	25 742	14 926	13 194	21 545	75 407

Diese Zahlen sind einleuchtend genug; der agrarische Charakter des Landes fällt gleich ins Auge: die ungeheure Mehrzahl aller Selbständigen wie Familienangehörigen gehören in den Bereich der Landwirtschaft und der damit im Zusammenhange stehenden Nebenbetriebe. Auffallend ist aber dabei der Umstand, daß in den übrigen Berufsklassen städtischen Charakters das Verhältnis der Selbständigen zu den Familienangehörigen viel günstiger, bezgl. des männlichen Geschlechts auch viel größer ist als in der ersten oder Berufsklasse A. Dieses Faktum erklärt sich damit, daß die Berufsträger städtischen Charakters, namentlich die Militärkräfte und wechselnden Lohnarbeiter, in großer Mehrzahl sich aus der ländlichen Bevölkerung rekrutieren, wo sie in der Regel ihre Familienmitglieder hinterlassen. Das Gesagte wird klarer und begreiflicher, wenn wir diese Unterschiede in Prozenten ausdrücken.

Tabelle 2.

Das prozentuale Verhältnis der Berufsklassen zu der Gesamtbevölkerung des Kaukasus:

Berufsklassen	Selbständige			Familienangehörige			Alle zusammen
	männlich	weiblich	zusammen	männlich	weiblich	zusammen	
A. Landwirtschaft	64,70 %	35,42 %	61,54 %	86,26 %	82,98 %	84,33 %	78,86 %
B. Industrie usw.	10,37 %	15,62 %	10,91 %	4,90 %	6,09 %	5,60 %	6,88 %
C. Handel u. Verkehr	6,94 %	2,50 %	6,46 %	3,70 %	4,56 %	4,18 %	4,73 %
D. Wechsel. Lohnarbeit usw. ...	7,00 %	25,50 %	9,00 %	2,45 %	2,95 %	2,73 %	4,24 %
E. Freie Berufe u. öffentl. Dienste	7,76 %	2,70 %	7,22 %	1,25 %	1,70 %	1,53 %	2,87 %
F. Rentiers und Pensionäre ...	2,00 %	12,05 %	3,05 %	1,03 %	1,22 %	1,14 %	1,60 %
G. Sonstige u. unbekannte Berufe	1,30 %	6,27 %	1,82 %	0,46 %	0,52 %	0,49 %	0,82 %
	100,07 %	100,06 %	100,00 %	100,05 %	100,02 %	100,00 %	100,00 %

Die Landwirtschaft steht an der Spitze aller Berufsklassen als die Hauptbeschäftigung der kaukasischen Völker: 78,86 % der Gesamtbevölkerung beschäftigt und ernährt sich mit der Landwirtschaft und deren Nebenbetrieben. Die reinen Selbständigen sind allerdings etwas weniger: 61,54 % beider Geschlechter, aber immerhin bilden sie die absolute Mehrheit aller Selbständigen. Um so

Tabelle 3.

Die Berufsklassen des armenischen Volkes:

Berufsklassen	Selbständige		Familienangehörige		Zusammen
	männl.	weibl.	männl.	weibl.	
A. Landwirtschaft usw. .	115559	5166	315724	399563	836012
B. Industrie usw.	42337	3862	27153	49711	123063
C. Handel und Verkehr . .	32873	741	23197	42646	99757
D. Wechs. Lohnarbeit usw.	20150	2590	9139	16526	48405
E. Freie Berufe und öffentliche Dienste	11703	490	5675	10668	28536
F. Rentiers u. Pensionäre	6066	5268	5481	9464	26279
G. Sonstige u. unbekannte Berufe	3731	1755	2435	3769	11690

größer ist aber die Verhältniszahl der Familienangehörigen: 84,33 % beider Geschlechter. Die zweite Stelle nimmt die Berufsklasse B (Industrie usw.) ein, deren Übergewicht aber nicht bei den Familienmitgliedern liegt, wie es in der Landwirtschaft der Fall ist, sondern bei den Selbständigen: 10,91 %, den letzteren gegenüber stehen 5,60 % Familienmitglieder, also fast nur die Hälfte. Dasselbe Verhältnis finden wir mit mehr oder weniger Unterschied bei allen nächstfolgenden Berufsklassen. In der fünften oder Berufsklasse E ist dieses Verhältnis allerdings viel auffallender: 7,22 % gegenüber stehen nur 1,53 %; das erklärt sich damit, daß die Militärkräfte, welche die ungeheure Mehrheit in dieser Berufsklasse bilden, meistens keine eigenen Familienangehörigen zu haben pflegen. Auffallend ist auch die starke Vertretung der weiblichen Selbständigen in der vierten Berufsklasse (D): 25,50 %. Dort sind nicht nur die wechselnden Lohnarbeiterinnen vertreten, sondern auch eine große Menge von Dienstmädchen, Aufwärterinnen und verschiedene Arten vom weiblichen Hausdienstpersonal.

Wir wollen weiter unten erfahren, wie die einzelnen Völker in den erwähnten sieben Berufsklassen vertreten sind. Beginnen wir zuerst mit den Armeniern. (Siehe Tabelle 3.)

Tabelle 4.

Das prozentuale Verhältnis der einzelnen Berufsklassen zu der Gesamtzahl des armenischen Volkes:

Berufsklassen	Selbständige			Familienangehörige			Zusammen
	männlich	weiblich	zusammen	männlich	weiblich	zusammen	
A. Landwirtschaft usw. .	49,72 %	25,49 %	47,85 %	81,19 %	75,11 %	77,67 %	71,27 %
B. Industrie usw.	18,21 %	19,43 %	19,06 %	7,00 %	9,34 %	8,35 %	10,58 %
C. Handel und Verkehr	14,15 %	3,86 %	13,30 %	6,00 %	8,02 %	7,15 %	8,48 %
D. Wechselnde Lohnarb. usw.	8,80 %	13,25 %	9,01 %	2,35 %	3,10 %	2,78 %	4,12 %
E. Freie Berufe u. öffentliche Dienste	5,00 %	2,47 %	4,83 %	1,46 %	2,00 %	1,77 %	2,42 %
F. Rentiers und Pensionäre .	2,61 %	26,62 %	4,50 %	1,41 %	1,78 %	1,62 %	2,24 %
G. Sonstige und unbekannte Berufe	1,60 %	8,85 %	2,17 %	0,63 %	0,70 %	0,67 %	1,00 %
	100,09 %	99,97 %	100,72 %	100,04 %	100,05 %	100,01 %	100,11 %

Die Verhältnisse der Berufsklassen untereinander wie zu der Gesamtheit werden sich viel konkreter gestalten, wenn wir sie in Prozenten ausdrücken: einmal zu der Gesamtheit des armenischen Volkes und zweitens zu den entsprechenden Berufsklassen der Gesamtbevölkerung Kaukasiens. Dieses letzte Verhältnis kann aber nur bei zwei Völkern in Betracht gezogen werden: bei den Armeniern und Georgiern, von denen der überaus größte Teil, also die Gesamtheit mit Ausnahme eines verschwindenden Bruchteils, im Kaukasus konzentriert lebt: 95,31 % von den Armeniern und 99,83 % von allen Georgiern. (Siehe Tabelle 4.)

Hier finden wir ein bedeutend abweichendes Bild von demjenigen der Gesamtbevölkerung des Kaukasus. Allerdings auch hier bildet die Zahl der sich mit der Landwirtschaft beschäftigenden und ernährenden Personen eine große Mehrheit, aber dieses Verhältnis ist überwiegend auf das Konto der Familienangehörigen zurückzuführen. Sonst bildet die Zahl der sich mit der Landwirtschaft und deren Nebenbetrieben beschäftigenden Selbständigen nicht einmal die Hälfte aller Selbständigen des armenischen Volkes: 47,85 %. Also über die Hälfte aller Selbständigen liegt außerhalb des Bereiches der Berufsklasse A und hat Beschäftigungen vorzugsweise städtischen Charakters. Man beachte in dieser Prozententabelle

Tabelle 5.

Das prozentuale Verhältnis der armenischen Berufsklassen zu denjenigen der kaukasischen Gesamtbevölkerung.

Berufsklassen	Selbständige			Familienangehörige			Alle zusammen
	männlich	weiblich	zusammen	männlich	weiblich	zusammen	
A. Landwirtsch. usw.	8,96 %	6,12 %	8,80 %	12,65 %	11,56 %	12,02 %	11,41 %
B. Industrie usw. ...	20,49 %	10,45 %	18,97 %	19,12 %	19,59 %	19,45 %	19,25 %
C. Handel u. Verkehr	23,77 %	12,51 %	23,30 %	21,76 %	22,56 %	22,28 %	22,70 %
D. Wechselnde Lohnarbeit usw.	14,43 %	4,27 %	11,35 %	13,10 %	13,43 %	13,32 %	12,06 %
E. Freie Berufe und öffentliche Dienste	7,56 %	7,79 %	7,56 %	15,64 %	15,04 %	15,24 %	10,93 %
F. Rentiers und Pensionäre..........	15,40 %	18,37 %	16,65 %	18,44 %	18,64 %	18,57 %	17,70 %
G. Sonstige und unbekannte Berufe..	14,50 %	11,80 %	13,50 %	18,38 %	17,50 %	17,86 %	15,50 %

die starke Vertretung der Selbständigen in den drei nächstfolgenden Berufsklassen: B, C und D, welche insgesamt 41,37 % (beider Geschlechter) bilden; demgegenüber stehen die Selbständigen in den genannten drei Berufsklassen bei der kaukasischen Gesamtbevölkerung in einer Gesamtzahl von 26,37 %. Wir werden später durch partielle Analogien mit anderen Völkern erfahren, daß die Armenier im Kaukasus die ersten sind, welche in den Berufen städtischen Charakters, vorzugsweise in Industrie und Handel, am stärksten vertreten sind.

Wie sind nun die Verhältnisse der Berufsklassen der Armenier zu denjenigen der kaukasischen Bevölkerung? Das ersehen wir aus den folgenden Prozentzahlen. (Siehe Tabelle 5.)

Hier treten die von uns angeführten Beispiele noch greller hervor. Man beachte zunächst die Reihen der männlichen Selbständigen in den ersten vier wichtigsten Berufsarten: wie gering der Anteil der armenischen landwirtschaftlich beschäftigten Selbständigen an der Gesamtzahl der gleichen Selbständigen im Kaukasus ist, und wie stark der Anteil der sich mit Industrie und Handel sowie mit Lohnarbeit beschäftigenden Selbständigen ist! Von der Gesamtzahl der Selbständigen bei allen kaukasischen Völkern in der ersten oder Berufsklasse A entfällt auf das Konto der Armenier nur ein zwölftel Teil (oder 8,96 %). Dagegen in der zweiten Klasse (B) steigt dieses Verhältnis bis auf ein Fünftel und mehr (20,49 %), in der dritten Klasse (C) um etwas weniger als ein Viertel (23,77 %), in der vierten (D) ungefähr ein Siebentel (14,43 %), so auch in den letzten zwei Berufsklassen (F und G). Dasselbe Verhältnis finden wir mit mehr oder weniger Unterschied bei den weiblichen Selbständigen und bei den Familienmitgliedern beider Geschlechter. Die Armenier sind somit die am stärksten differenzierten Elemente unter allen kaukasischen Völkern, wie wir noch an einzelnen Beispielen sehen werden.

Ein wesentlich anderes Bild bietet uns die Klassifikation des georgischen Volkes dar. Ein auf Grundlage der sprachlichen Dialekte statistisch in vier Teile (Grusiner, Imeretiner, Mingrelier und Swaneter) zerstückeltes Volk bildet im Grunde genommen ein national einheitliches Ganzes, bei dem die Grusiner den überwiegenden Teil bilden und die herrschende Stellung einnehmen. Daher wollen wir jeden Teil für sich allein und alle zusammen berufsmäßig klassifizieren. (Siehe umstehende Tabelle.)

Tabelle 6.

Berufsklassen	Grusiner: Selbständige männlich	Selbständige weiblich	Familienangehörige männlich	Familienangehörige weiblich	Zusammen
A. Landwirtschaft usw. ..	119396	7573	220373	304479	651821
B. Industrie usw.	16418	3845	9148	16429	45840
C. Handel und Verkehr ..	15733	322	8691	15124	39870
D. Wechs. Lohnarbeit usw.	15411	4850	5301	10185	35747
E. Freie Berufe und öffentliche Dienste	10200	480	4067	8550	23297
F. Rentiers u. Pensionäre	5339	3969	4418	7386	21112
G. Sonstige u. unbekannte Berufe	1779	1863	1005	1910	6557

Berufsklassen	Imeretiner: Selbständige männlich	Selbständige weiblich	Familienangehörige männlich	Familienangehörige weiblich	Zusammen
A. Landwirtschaft usw. ..	47160	2485	69036	118698	237379
B. Industrie usw.	4237	724	1743	3077	9781
C. Handel und Verkehr ..	2734	52	1284	2264	6334
D. Wechs. Lohnarbeit usw.	2446	1634	421	874	5375
E. Freie Berufe und öffentliche Dienste	1603	62	1124	2396	5185
F. Rentiers u. Pensionäre	1753	733	1605	2980	7071
G. Sonstige u. unbekannte Berufe...............	661	776	232	386	2055

Berufsklassen	Mingrelier: Selbständige männlich	Selbständige weiblich	Familienangehörige männlich	Familienangehörige weiblich	Zusammen
A. Landwirtschaft usw. ..	38778	1876	67251	103348	211253
B. Industrie usw.	1913	158	453	739	3263
C. Handel und Verkehr ..	2451	42	871	1435	4769
D. Wechs. Lohnarbeit usw.	1678	1320	125	255	3378
E. Freie Berufe und öffentliche Dienste.........	1647	83	786	1472	3988
F. Rentiers u. Pensionäre	2761	933	2729	4936	11359
G. Sonstige u. unbekannte Berufe..............	633	619	120	173	1532

Berufsklassen	Swaneter Selbständige männlich	weiblich	Familienangehörige männlich	weiblich	Zusammen
A. Landwirtschaft usw. . .	1984	224	5444	7340	14992
B. Industrie usw.	85	1	2	1	89
C. Handel und Verkehr . .	3	—	3	1	7
D. Wechs. Lohnarbeit usw.	60	78	15	9	162
E. Freie Berufe und öffentliche Dienste	98	1	22	44	175
F. Rentiers u. Pensionäre	70	17	72	109	268
G. Sonstige u. unbekannte Berufe	22	37	5	8	72

Schon der erste flüchtige Blick sagt uns mit aller Deutlichkeit, daß die Berufsklassifikation und auch die soziale Differenziation bei den sog. kartwelischen oder georgischen Volkselementen ein ganz anderes Bild zeigt, als das bei den Armeniern der Fall war. Der große Unterschied tritt in allen Berufsklassen, besonders aber in den ersten vier (A, B, C und D) Reihen auf. Trotzdem, daß die Gesamtzahl der Armenier im Reiche diejenige der Grusiner, des Hauptbestandteiles aller Georgier, weit übertrifft (um 349128 Personen), ist doch die Zahl der sich mit der Landwirtschaft (also in der Berufsklasse A) beschäftigenden Selbständigen (beider Geschlechter) bei den Grusinern viel größer (um 3837 männliche, 2407 weibliche) als bei den Armeniern. Das soll heißen, daß die Grusiner in der ersten Berufsklasse absolut wie relativ stärker vertreten sind als das armenische Volk. Um so geringer ist aber die Teilnahme der Grusiner in den Berufen städtischen Charakters, besonders in denjenigen der Industrie und des Handels. Bei den anderen georgischen Elementen, Imeretiner, Mingrelier und namentlich Swaneter, tritt dasselbe Verhältnis noch viel greller auf: sie sind vorherrschend homogene Volksmassen, gebunden an das platte Land, beschäftigt mit ländlichen Berufen.

Wir wollen nun die umstehende Tabelle, um die weit abweichenden Verhältnisse noch mehr zu konkretisieren, in Prozenten ausdrücken, und zwar die Grusiner für sich allein und alle vier Teile zusammengruppiert: Alle Georgier zusammen.

Man vergleiche diese Prozentzahlen mit denjenigen der Armenier (Tabelle 4): diese zwei Völker, die ersten Kulturnationen unter den

Tabelle 7.

Das prozentuale Verhältnis der einzelnen Berufsklassen zu der Gesamtheit des grusinischen Volkes:

Berufsklassen	Selbständige			Familienangehörige			Alle zusammen
	männlich	weiblich	zusammen	männlich	weiblich	zusammen	
A. Landwirtschaft usw. .	64,78 %	33,08 %	61,28 %	87,11 %	83,70 %	85,09 %	79,10 %
B. Industrie usw.	8,89 %	16,80 %	9,78 %	3,62 %	4,51 %	4,15 %	5,56 %
C. Handel und Verkehr	8,59 %	1,40 %	7,74 %	3,43 %	4,15 %	3,88 %	4,84 %
D. Wechselnde Lohnarbeit usw.	8,36 %	21,23 %	9,78 %	2,10 %	2,80 %	2,51 %	4,34 %
E. Freie Berufe u. öffentliche Dienste	5,53 %	2,09 %	5,16 %	1,60 %	2,35 %	2,07 %	2,82 %
F. Rentiers und Pensionäre .	2,90 %	17,34 %	4,50 %	1,74 %	2,03 %	1,90 %	2,56 %
G. Sonstige und unbekannte Berufe	0,96 %	8,14 %	1,76 %	0,40 %	0,52 %	0,47 %	0,80 %
	100,01 %	100,08 %	100,00 %	100,00 %	100,06 %	100,07 %	100,02 %

einheimischen Elementen, haben ein grundverschiedenes Bild der Berufsklassifikationen und eo ipso der gesellschaftlichen Differentiation aufzuweisen. Gegenüber den 47,85 % bei den armenischen Selbständigen in der Berufsklasse A beider Geschlechter (männlich 49,72 %, weiblich 25,49 %) stehen 61,28 % (männlich 64,78 %, weiblich 33,08 %) bei den Grusinern in derselben Klasse, d. h. um ein erhebliches Mehr von 13,43 %. Ganz umgekehrt in der Industrie und im Handel (Berufsklasse B und C): gegenüber 19,06 % (männlich 18,21 %, weiblich 19,43 %) und 13,30 % (männlich 14,15 %, weiblich 3,86 %) bei den armenischen Selbständigen, stehen nur 9,78 % (männlich 8,89 %, weiblich 16,80 %) und 7,74 % (männlich 8,59 %, weiblich 1,40 %) grusinische. Auffallend ist bei den Grusinern die starke Vertretung des weiblichen selbständigen Personals in den Berufsklassen A, B und D, besonders in der letzteren, wo massenhaftes Hausdienstpersonal zu verzeichnen ist. Die entgegengesetzten Klassifikationsverhältnisse beider Völker spitzen sich noch mehr zu, wenn wir die einzelnen wichtigen Bestandteile jeder Berufsklasse miteinander vergleichen, worauf wir aber erst später zurückkommen werden. Jetzt wollen wir dieselben Verhältnisse bezüglich aller georgischen Elemente zusammen erfahren.

Tabelle 8.

Die Berufsklassen aller Georgier zusammen:

Berufsklassen	Selbständige		Familienangehörige		Zusammen
	männlich	weiblich	männlich	weiblich	
A. Landwirtschaft usw.	207308	12158	362104	533875	1115455
B. Industrie usw.	22653	4728	11346	20246	58973
C. Handel und Verkehr	20921	416	10849	18824	51010
D. Wechs. Lohnarbeit usw.	19595	7882	5862	11323	44662
E. Freie Berufe und öffentliche Dienste	13548	626	5999	12462	32635
F. Rentiers u. Pensionäre	9923	5652	8824	15411	39810
G. Sonstige u. unbekannte Berufe	3095	3295	1362	2477	10229

Tabelle 9.

In Prozenten ausgedrückt bekommen wir:

Berufsklassen	Selbständige			Familienangehörige			Alle zusammen
	männlich	weiblich	zusammen	männlich	weiblich	zusammen	
A. Landwirtschaft usw.	69,78 %	35,00 %	66,14 %	89,11 %	86,90 %	87,78 %	82,47 %
B. Industrie usw.	7,65 %	13,60 %	8,25 %	2,76 %	3,28 %	3,09 %	4,36 %
C. Handel und Verkehr	7,04 %	1,20 %	6,43 %	2,68 %	3,64 %	2,90 %	3,77 %
D. Wechselnde Lohnarbeit usw.	6,59 %	22,68 %	8,30 %	1,44 %	1,84 %	1,68 %	3,30 %
E. Freie Berufe u. öffentliche Dienste	4,56 %	1,80 %	4,27 %	1,48 %	2,03 %	1,81 %	2,41 %
F. Rentiers und Pensionäre	3,34 %	16,29 %	4,70 %	2,18 %	2,50 %	2,37 %	2,94 %
G. Sonstige und unbekannte Berufe	1,04 %	9,48 %	1,92 %	0,35 %	0,40 %	0,47 %	0,75 %
	100,00 %	100,05 %	100,01 %	100,00 %	100,59 %	100,00 %	100,00 %

Der schroffe Gegensatz springt gleich ins Auge zwischen den ländlichen und städtischen Beschäftigungen, und zwar in erhöhterem Maße, als es bei den Grusinern der Fall ist. Infolgedessen ist das Verhältnis der Berufsklassifikation der Gesamtgeorgier zu denjenigen der Armenier in dieser Hinsicht noch viel abweichender, als dasjenige zwischen den Armeniern und bloßen Grusinern. Die zwei wichtigen Berufsklassen städtischen Charakters, Industrie und Handel mit ihren Neben- und Zweigbetrieben, sind bei den Georgiern zu einer verschwindenden Minderheit reduziert worden; im ganzen sind dort 14,68 % Selbständige beider Geschlechter tätig, mit den Familienangehörigen zusammen noch weniger: mit diesen beiden Berufen beschäftigen und ernähren sich nicht mehr als 8,13 % von den Gesamtgeorgiern. Demgegenüber steht die erdrückende Mehrheit von 82,47 % derselben Volkselemente rein agrikulturellen Charakters. Die Gesamtgeorgier sind um 179747 Personen mehr als die Armenier, trotzdem sind die ersteren in der Industrie fast zweieinhalbmal und im Handel zweimal weniger vertreten als die zweiten. Diese Zuspitzung der Beschäftigungsarten beider Nationen wird am klarsten beleuchtet durch die Gegenüberstellung der wichtigsten Berufsklassen (bei den Selbständigen):

Tabelle 10.

Berufsklassen	Armenier Selbständige			Alle Georgier Selbständige		
	männlich	weiblich	zusammen	männlich	weiblich	zusammen
A. Landwirtschaft usw.	49,72 %	25,49 %	47,85 %	69,78 %	35,00 %	66,14 %
B. Industrie usw.	18,21 %	19,43 %	19,06 %	7,65 %	13,60 %	8,25 %
C. Handel usw.	14,15 %	3,86 %	13,30 %	7,04 %	1,20 %	6,43 %
D. Wechselnde Lohnarb. usw.	8,80 %	13,25 %	9,01 %	6,59 %	22,68 %	8,30 %

Dieses Hochschrauben der ländlichen und Zurückdrängen der städtischen Selbständigen bei den Gesamtgeorgiern, im Unterschiede nicht nur zu den Armeniern, sondern selbst zu den Grusinern, erklärt sich durch die überwiegend rein agrikulturellen Elemente der anderen Bestandteile des georgischen Volkes: der Imeretiner, Mingrelier und Swaneter.

Welche Stellung nehmen aber die Grusiner und Gesamtgeorgier in der Berufsklassifikation der kaukasischen Gesamtbevölkerung ein? Das ersehen wir aus den folgenden Prozentzahlen:

Tabelle 11.

Das prozentuale Verhältnis der grusinischen Berufsklassen zu denjenigen der kaukasischen Gesamtbevölkerung.

Berufsklassen	Selbständige			Familienangehörige			Alle zusammen
	männlich	weiblich	zusammen	männlich	weiblich	zusammen	
A. Landwirtschaft usw.	9,27 %	9,00 %	9,25 %	8,83 %	8,81 %	8,82 %	8,90 %
B. Industrie usw.	7,94 %	10,40 %	8,32 %	6,44 %	6,47 %	6,46 %	7,17 %
C. Handel u. Verkehr ..	11,37 %	5,42 %	11,13 %	8,15 %	8,00 %	8,06 %	9,06 %
D. Wechselnde Lohnarbeit usw.	11,04 %	8,00 %	10,11 %	7,60 %	8,28 %	8,00 %	9,07 %
E. Freie Berufe und öffentliche Dienste...	6,59 %	7,48 %	6,63 %	11,21 %	12,05 %	11,76 %	8,68 %
F. Rentiers u. Pensionäre	13,56 %	14,00 %	13,70 %	15,00 %	14,55 %	14,66 %	14,21 %
G. Sonstige u. unbekannte Berufe ...	6,91 %	12,49 %	8,95 %	7,62 %	8,87 %	8,10 %	8,70 %

Tabelle 12.

Dasselbe Verhältnis der gesamtgeorgischen Berufsklassen:

Berufsklassen	Selbständige			Familienangehörige			Alle zusammen
	männlich	weiblich	zusammen	männlich	weiblich	zusammen	
A. Landwirtschaft usw.	16,08 %	14,41 %	16,00 %	14,50 %	15,45 %	15,05 %	15,23 %
B. Industrie usw.	10,96 %	12,80 %	11,24 %	8,00 %	7,98 %	7,99 %	9,22 %
C. Handel u. Verkehr ..	15,12 %	7,00 %	14,80 %	10,18 %	9,96 %	10,04 %	11,60 %
D. Wechselnde Lohnarbeit usw.	14,03 %	13,00 %	13,71 %	8.40 %	9,20 %	9,00 %	11,36 %
E. Freie Berufe und öffentliche Dienste...	8,75 %	9,75 %	8,80 %	16,53 %	17,56 %	17,21 %	12,16 %
F. Rentiers u. Pensionäre	25,20 %	20,00 %	22,88 %	29,70 %	30,36 %	30,11 %	26,73 %
G. Sonstige u. unbekannte Berufe ...	12,00 %	22,08 %	15,71 %	10,32 %	11,50 %	11,05 %	13,70 %

Der uns schon bekannte Gegensatz bezüglich der Klassifikationsrichtung zwischen den armenischen und grusinischen bezw. gesamtgeorgischen Völkern spiegelt sich hier in einem anderen Zusammenhange wider: Bilden die sich mit Landwirtschaft und deren Nebenbetrieben beschäftigenden armenischen Selbständigen (in der Berufsklasse A, Tabelle 5) nur 8,80 % (männlich 8,96 %, weiblich 6,12 %) der Gesamtzahl aller kaukasischen Selbständigen, so sind dieselben bei den Grusinern 9,25 % (männlich 9,27 %, weiblich 9 %) und bei allen Georgiern gar 16 % (männlich 16,08 %, weiblich 14,41 %). In den nächstfolgenden Berufen städtischen Charakters, besonders bei den männlichen Selbständigen, in Industrie und Handel, ist gerade das Gegenteil der Fall: gegenüber den 20,49 % und 23,77 % der armenischen Selbständigen in den genannten beiden Berufen stehen nur 7,94 % und 11,37 % grusinische und 10,96 % und 15,12 % gesamtgeorgische Selbständige. Auch das prozentuale Verhältnis dieser Völker überhaupt zu der Gesamtbevölkerung des Kaukasus hat nach zwei großen Einteilungen — Selbständige und Familienangehörige überhaupt — ein abweichendes Bild aufzuweisen. Dieses Verhältnis ersehen wir aus den folgenden Prozentzahlen:

Das prozentuale Verhältnis aller Armenier zu der Gesamtbevölkerung des Kaukasus.

Selbständige			Familienangehörige			Alle
männlich	weiblich	zusammen	männlich	weiblich	zusammen	zusammen
11,66%	8,35%	11,30%	13,09%	12,77%	13,04%	12,67%
Das prozentuale Verhältnis aller Grusiner zu der Gesamtbevölkerung des Kaukasus.						
9,25%	9,62%	9,29%	8,74%	8,73%	8,74%	8,87%
Dasselbe Verhältnis bei allen Georgiern.						
14,90%	14,60%	14,87%	14,05%	14,75%	14,47%	14,56%

Hier sind einige Punkte hervorzuheben. Die Grusiner wie alle Georgier haben im einzelnen einen verhältnismäßig größeren Anteil an der Gesamtzahl der kaukasischen Selbständigen als die Armenier. Man vergleiche die Selbständigen und Familienangehörigen beider Geschlechter sowie die Durchschnittsgröße: den 11,30 % Selbständigen stehen 13,04 % Familienangehörige (durchschnittlich 12,67 %) bei den Armeniern gegenüber, während bei den Grusinern und Gesamtgeorgiern umgekehrt die erste Prozentzahl die zweite überwiegt, wie 9,29%: 8,74% (durchschnittlich 8,87%) und 14,87%: 14,47% (durchschnittlich 14,56%). Auffallend ist auch die starke Vertretung der weiblichen Selbständigen bei den Grusinern und Gesamtgeorgiern: sie überwiegen absolut wie relativ diejenigen bei den Armeniern.

5.

Ehe wir nun zu den weiteren Tatsachen der gesellschaftlichen Schichtungen dieser Völker übergehen, wollen wir unten ein kurzes Bild von den Berufsklassifikationen der drei großen Repräsentanten der mohammedanischen Volkselemente skizzieren: der Tataren, Türken und Perser.

Tabelle 13.

Die Berufsklassen der Tataren.

Berufsklassen	Selbständige männlich	Selbständige weiblich	Familienangehörige männlich	Familienangehörige weiblich	Zusammen
A. Landwirtschaft usw. ..	555559	25202	1027051	1444303	3052115
B. Industrie usw.	60799	11451	36704	66941	175895
C. Handel und Verkehr ..	66440	1011	50410	92026	209887
D. Wechs. Lohnarbeit usw.	57542	8367	29114	53545	146568
E. Freie Berufe und öffentliche Dienste.........	42002	563	11490	21243	75298
F. Rentiers u. Pensionäre	16033	5997	8578	13517	44125
G. Sonstige u. unbekannte Berufe...............	13116	5107	4974	8231	31428

In Prozenten ausgedrückt ergibt sich folgendes:

Tabelle 14.

Das prozentuale Verhältnis der einzelnen Berufsklassen zu der Gesamtheit der Tataren.

Berufsklassen	Selbständige männlich	Selbständige weiblich	Selbständige zusammen	Familienangehörige männlich	Familienangehörige weiblich	Familienangehörige zusammen	Alle zusammen
A. Landwirtsch. usw.	68,21 %	43,70 %	66,81 %	87,89 %	84,97 %	86,20 %	81,66 %
B. Industrie usw. ..	7,50 %	19,84 %	8,40 %	3,14 %	3,93 %	3,60 %	4,70 %
C. Handel u. Verkehr	8,20 %	1,76 %	7,76 %	4,31 %	5,42 %	4,96 %	5,60 %
D. Wechselnde Lohnarbeit usw.	7,10 %	14,50 %	7,58 %	2,48 %	3,15 %	2,20 %	4,00 %
E. Freie Berufe und öffentliche Dienste	5,18 %	1,00 %	4,89 %	1,00 %	1,25 %	1,14 %	2,04 %
F. Rentiers und Pensionäre	2,00 %	10,40 %	2,54 %	0,74 %	0,80 %	0,77 %	1,18 %
G. Sonstige und unbekannte Berufe.	1,61 %	9,00 %	2,10 %	0,42 %	0,50 %	0,46 %	0,84 %
	99,80 %	100,00 %	100,08 %	99,98 %	100,02 %	99,33 %	100,02%

Diese Tabelle ist fast eine Wiederholung der Tabelle Nr. 9: die Tataren und Gesamtgeorgier sind merkwürdigerweise berufsmäßig fast vollständig gleich klassifiziert, abgesehen von kleinen Nuancierungen in einigen Berufsklassen. Hier wie dort nimmt die Landwirtschaft als Hauptberuf die absolut herrschende Stelle ein. In der Industrie sind sie gleichmäßig vertreten; im Handel und in der wechselnden Lohnarbeit überwiegen dagegen die Tataren um ein weniges: 1,16 % und 0,51 %. Daraus ergibt sich, daß die berufsmäßige Stellung der Tataren zu den Grusinern einerseits und namentlich zu den Armeniern andererseits genau dieselbe ist, wie sie bei den Gesamtgeorgiern der Fall ist. Daher bedarf es keiner besonderen Vergleichsbeispiele.

Welches Bild bietet uns nun aber die Berufsklassifikation der Türken dar? Das zeigen uns die folgenden Tabellen:

Tabelle 15.

Die Berufsklassen der Türken.

Berufsklassen	Selbständige		Familienangehörige		Alle zusammen
	männlich	weiblich	männlich	weiblich	
A. Landwirtschaft usw. ..	35947	783	63949	90948	191627
B. Industrie usw.	3524	129	777	1074	5504
C. Handel und Verkehr..	2060	23	763	1153	3999
D. Wechs. Lohnarbeit usw.	2247	157	336	544	3284
E. Freie Berufe und öffentliche Dienste	860	13	311	638	1603
F. Rentiers und Pensionäre	405	185	396	627	1613
G. Sonstige u. unbekannte Berufe...............	440	210	216	298	1164

Die Berufsklassifikation der Türken steht beispiellos da. Unter den angeführten Völkern sind die Türken im Kaukasus die ausgesprochenst agrarischen Elemente, von denen eine ungeheure Mehrheit von 91,76 % sich mit der Landwirtschaft und deren Nebenbetrieben ernährt und beschäftigt. Nicht weniger als 77,54 % aller Selbständigen beider Geschlechter sind in der Berufsklasse A tätig. Allein unter den Bergvölkern, wie wir im nächsten Kapitel sehen werden, kann man Beispiele von solchen Berufsklassifikationen finden. Von den nächstfolgenden Berufen städtischen Charakters kommt nur mehr oder weniger die Industrie in Betracht, wo die Vertretung der Türken nur um etwas schwächer als diejenige der

Tabelle 16.

Das prozentuale Verhältnis der einzelnen Berufsklassen zu der Gesamtheit der Türken.

Berufsklassen	Selbständige			Familienangehörige			Alle zusammen
	männlich	weiblich	zusammen	männlich	weiblich	zusammen	
A. Landwirtschaft usw. . .	79,18 %	52,20 %	77,54 %	95,81 %	95,55 %	95,65 %	91,76 %
B. Industrie usw.	7,76 %	8,60 %	7,76 %	1,15 %	1,13 %	1,14 %	2,63 %
C. Handel und Verkehr	4,54 %	1,53 %	4,44 %	1,14 %	1,21 %	1,18 %	1,92 %
D. Wechs. Lohnarbeit usw. . .	5,00 %	10,46 %	7,00 %	0,51 %	0,57 %	0,54 %	1,55 %
E. Freie Berufe u. öfftl. Dienste	1,89 %	0,87 %	1,86 %	0,46 %	0,67 %	0,58 %	0,80 %
F. Rentiers und Pensionäre . . .	0,89 %	12,33 %	1,26 %	0,60 %	0,66 %	0,63 %	0,78 %
G. Sonstige u. unbekannte Berufe	0,97 %	14,01 %	1,40 %	0,33 %	0,31 %	0,31 %	0,56 %
	100,23 %	100,00 %	101,26 %	100,00 %	100,10 %	100,03 %	100,00 %

Tataren und Gesamtgeorgier ist. Die übrigen Berufe sind sehr gering vertreten, ausgenommen etwa die weiblichen Selbständigen in den Berufsklassen D, F und G.

Eine ganz andere Gestaltung der Berufsklassen haben die Perser aufzuweisen, wie aus den folgenden Zahlen zu ersehen ist:

Tabelle 17.

Die Berufsklassen der Perser.

Berufsklassen	Selbständige		Familienangehörige		Alle zusammen
	männlich	weiblich	männlich	weiblich	
A. Landwirtschaft usw. . .	2427	34	1866	2585	6912
B. Industrie usw.	4449	109	749	1159	6466
C. Handel und Verkehr . .	5983	21	1570	2237	9811
D. Wechs. Lohnarbeit usw.	5065	86	387	705	6243
E. Freie Berufe und öffentliche Dienste	411	7	160	207	785
F. Rentiers und Pensionäre	223	60	159	217	659
G. Sonstige u. unbekannte Berufe	497	46	119	152	814

Tabelle 18.

Das prozentuale Verhältnis der einzelnen Berufsklassen zu der Gesamtheit der Perser.

Berufsklassen	Selbständige männlich	Selbständige weiblich	Selbständige zusammen	Familienangehörige männlich	Familienangehörige weiblich	Familienangehörige zusammen	Alle zusammen
A. Landwirtschaft usw. ..	12,74 %	9,36 %	12,65 %	37,21 %	35,46 %	36,58 %	21,89 %
B. Industrie usw.	23,36 %	30,01 %	23,52 %	14,93 %	16,10 %	15,50 %	20,38 %
C. Handel usw..	31,39 %	5,78 %	30,92 %	31,30 %	30,70 %	30,94 %	30,94 %
D. Wechselnde Lohnarb. usw.	26,58 %	23,70 %	26,52 %	7,72 %	9,67%	8,87 %	19,68 %
E. Freie Berufe u. öffentliche Dienste	2,16 %	1,93 %	2,15 %	3,20 %	2,84 %	2,98 %	2,50 %
F. Rentiers und Pensionäre...	1,16 %	16,54 %	1,46 %	3,17 %	2,97 %	3,05 %	2,08 %
G. Sonstige und unbekannte Berufe	2,61 %	12,68 %	2,74 %	2,37 %	2,16 %	2,20 %	2,58 %
	100,00 %	100,00 %	99,96 %	99,90 %	99,90 %	100,12 %	99,96 %

Die Berufsklassifikation der Perser ist ebenso beispiellos wie die vorerwähnte der Türken, aber in einer ganz entgegengesetzten Richtung: die Vertretungen dieser beiden Volkselemente in den ersten vier großen Berufsklassen bilden Polargegensätze, welche diese sonst kulturell sich sehr nahestehenden Völker berufsmäßig voneinander ganz entfernen. Die Landwirtschaft, dieser absolut herrschende Beruf bei den anderen Völkern, nimmt bei den Persern eine ganz untergeordnete Stelle ein: nur 21,89 %, also etwas mehr als $^1/_5$ der persischen Gesamtbevölkerung ernährt und beschäftigt sich mit der Landwirtschaft. Der Anteil der Selbständigen ist noch viel geringer: 12,65 % beider Geschlechter (männlich 12,74, weiblich 9,36 %). Aber die relativ überwiegende Mehrheit von Selbständigen, welche die folgenden drei Berufsklassen (B, C und D) im einzelnen der ersten (A) Klasse gegenüber aufweisen, ist etwas, das von allen kaukasischen Völkern nur bei den Persern der Fall ist: Industrie, Handel, wechselnde Lohnarbeit mit ihren Nebenbetrieben beschäftigen zusammen nicht weniger als 81,33 % (23,36 % + 31,39 % + 26,58 %) Selbständige männlichen Geschlechts (80,96 % beider Geschlechter). Diese einzig dastehende Ausnahme, welche von den Reichsvölkern nur mit der Berufsklassifikation der Juden zu vergleichen ist, erklärt sich damit, daß die ungeheure Mehrzahl der Perser in den Städten wohnt, daß sie kein reines Bauernvolk haben und daß fast die Mehrheit der städtischen Perser Ausländer — persische Staatsuntertanen — sind, welche in den Zentralstädten des Reiches wie des Kaukasus sich mit Handel und unqualifizierter Arbeit („tschornije Rabotschije", wie es russisch lautet) beschäftigen.

Wir wollen nun im nächsten Kapitel eine kurze Charakteristik über die soziale Differenzierung und ökonomische Machtstellung der kaukasischen Völker folgen lassen.

III. Kapitel.

Die soziale Differenzierung und ökonomische Stellung der kaukasischen Völker.

1.

Das, was hier zu sagen ist, können hauptsächlich resümierende und ergänzende Betrachtungen von den festgestellten Tatsachen und Begründungen des vorhergehenden Kapitels sein. Denn die reale Grundlage der sozialen Differenzilation, der sog. gesellschaftlichen Klassenschichtung eines Volkes, bildet zu allererst die technisch-wirtschaftliche Gruppierungsweise im ausgedehnten Feld der Arbeitsteilung, die ökonomische Lage und, was damit im Zusammenhange steht, die soziale Stellung der einzelnen Volksschichten.

Der allgemeine Überblick über die Berufsgruppierungen und Klassifikationen der einheimischen Völker im Kaukasus gewährt uns einen genügend klaren Aufschluß, auch ein Bild über den Stand und die Richtung der ökonomisch qualifizierten Kategorien — der gesellschaftlichen Klassenschichtung — der uns bekannten Völker zu skizzieren.

Wir haben erfahren, welche quantitative Vertretung jedes Volk in jeder Berufsklasse im einzelnen aufzuweisen hat, wobei die summarische Höhe jeder Klasse als ein maßgebendes Faktum für die Stellung des betreffenden Berufes in den ganzen Berufsreihen galt. Die Systematisierung der Berufsklassen nach diesem Kriterium zeigte uns eine Reihe voneinander recht abweichender Berufsbildungen unter den einheimischen Völkerschaften. Um diese Unterschiede zu veranschaulichen, stellen wir die Berufsvertretungen und Familienangehörigen in den wichtigsten Berufsklassen der aufgezählten Völker gegeneinander wie folgt:

Tabelle a.

	A		B		C		D	
	Landwirtsch. usw.		Industrie usw.		Handel und Verkehr		Wechs. Lohnarb. usw.	
	Selbständige (beider Geschl.)	Selbst. u. Familienangehörige zusammen	Selbständige (beider Geschl.)	Selbst. u. Familienangehörige zusammen	Selbständige (beider Geschl.)	Selbst. u. Familienangehörige zusammen	Selbständige beider Geschl.)	Selbst. u. Familienangehörige zusammen
Armenier . .	47,85 %	71,27 %	19,06 %	10,58 %	13,30 %	8,48 %	9,01 %	4,12 %
Grusiner . .	61,28 %	79,10 %	9,78 %	5,56 %	7,74 %	4,84 %	9,78 %	4,34 %
Ges.-Georgier	66,14 %	82,11 %	8,25 %	4,36 %	6,63 %	3,77 %	8,30 %	3,30 %
Tataren . . .	66,81 %	81,66 %	8,40 %	4,70 %	7,76 %	5,60 %	7,58 %	4,00 %
Türken . . .	77,54 %	91,76 %	7,76 %	2,63 %	4,44 %	1,92 %	7,00 %	1,55 %
Perser	12,65 %	21,80 %	23,52 %	20,38 %	30,92 %	30,94 %	26,52 %	19,68 %

Diese Vergleichszahlen lassen sich nach zwei Richtungen hin betrachten und würdigen: einmal nach der ziffermäßigen Größe der Selbständigen jeder Berufsklasse und zweitens nach der summarischen Höhe der Gesamtzahl, der Selbständigen und Angehörigen zusammen. Nach der ersten Richtung sind die Grusiner, Gesamtgeorgier, Tataren und Türken als rein agrarische Elemente in der kaukasischen Volkswirtschaft zu bezeichnen, indem jedes von ihnen eine absolute Mehrheit (der Gesamtheit der Selbständigen) in der ersten Berufsklasse als werktätige Elemente aufzuweisen hat. Ganz anders bei den Armeniern: nicht einmal die Hälfte der Gesamtzahl der Selbständigen dieses Volkes beschäftigt sich mit der Landwirtschaft und deren Nebenbetrieben. Allerdings sind die Berufsträger der armenischen Agrikultur noch in stark relativer Mehrheit, aber wenn man bedenkt, daß bei der ersten Volkszählung, d. h. vor 15 Jahren, der Zug aus dem platten Lande nach den Städten nicht so stark war und infolgedessen keine rasche Differenzierung und Berufsumwandlung zugunsten der Stadteinwohner stattfand, wie jetzt, so kann man ruhig annehmen, daß in der Gegenwart, also nachdem 15 Jahre seit der ersten Volkszählung vergangen sind, die landwirtschaftliche Quote der Armenier noch in viel größerem Maße zurückgegangen ist. Die Perser kommen in diesem Zusammenhange nicht in Betracht, denn, wie gesagt, die verschwindende Minderheit von 12,65 %, die sich mit Landwirtschaft beschäftigt, darf keineswegs als ein Maßstab für den normalen Differenzierungsprozeß der Perser in Rußland gelten: Die Perser sind ebenso agrarische Elemente in Persien wie die verschiedenen Völker in Rußland, aber sie sind eben in Rußland von vornherein kein landbesitzendes und ackerbautreibendes Volk gewesen, daher ihre starke Konzentration in den Städten und Beschäftigung mit Berufen städtischenCharakters. Wenn wir die Armenier, nach dem Stande ihrer aktiven Berufsträger in der Berufsklasse A, als ein Volk bezeichnen, welches sich in dem Übergangsstadium der ökonomischen Entwicklung von der Landwirtschaft zur Industrie und zum Handel befindet, d. h. als Elemente, welche viel rascher als ein anderes Volk zur Industrialisierung und Kommerzialisierung der wirtschaftlichen Kräfte im Kaukasus übergehen, so können wir die Perser als solche Elemente charakterisieren, welche sich überwiegend mit Handel — vorzugsweise mit Hausier- und Transporthandel — und mit unqualifizierter Arbeit in den Werkstätten, Fabriken und Bauunternehmungen beschäftigen.

Das sind die dreiartig herrschenden Züge, wodurch das ökonomisch-betriebsmäßige Wesen der von uns besprochenen Völker charakterisiert werden kann.

Betrachtet man die Reihe der beiden Kategorien zusammen, der Selbständigen und Familienangehörigen in der Berufsklasse A, so findet man eine bedeutende Verstärkung bei allen Völkern, wobei die Tatsache auffallend ist, daß bei den Armeniern der quantitative Unterschied zwischen den landwirtschaftlichen Selbständigen (47,85 %) und der landwirtschaftlichen Bevölkerung (Selbständige und Angehörige zusammen: 71,27 %) viel größer ist (23,42 %) als bei den anderen agrarischen Elementen: bei den Grusinern 17,82 %, Gesamtgeorgiern 15,97 %, Tataren 14,85 % und bei den Türken 14,22 %. Das ist wiederum ein Beweis dafür, daß von den Armeniern mehr als von den anderen Volkselementen Selbständige — aktive Berufsträger — aus dem Lande auswandern, ihre Familienmitglieder hinterlassend, um in den Städten verschiedene Berufe zu ergreifen. Diese Tatsache wird durch die Prozentzahlen der folgenden Berufsklassen (B, C, D) bestätigt, bei denen Armenier an der Spitze aller einheimischen Völker stehen, als ein Volk, welches aus sich große Scharen von Handels- und Gewerbetreibenden erzeugt. Gegenüber den 41,37 % der armenischen Selbständigen in den oben erwähnten drei Berufsklassen zusammen, stehen 27,30 % grusinische, 23,18 % gesamtgeorgische, 23,74 % tatarische und nur 19,20 % türkische Selbständige in denselben Klassen. In den anderen übriggebliebenen Berufsklassen (E, F, G) finden wir ein ziemlich gleichmäßiges Verhältnis mit geringem Unterschied unter den Selbständigen der Armenier, Grusiner, Gesamtgeorgier und Tataren; dagegen ist die Vertretung der Türken und Perser sehr schwach. Wir kommen noch auf die Gruppierung der einzelnen wichtigsten Berufsträger zurück.

2.

Ehe wir nun das soziale und nationale Wesen der eben festgestellten Tatsachen und begründeten Erscheinungen vom Standpunkte des gesamtkulturellen Fortschrittes des Landes aus gebührend würdigen, wollen wir noch einzelne einleuchtende Beispiele von dem Differenzierungszustande der anderen Völker hier anführen, und zwar aus dem Leben einiger wichtiger Bergvölker im Kaukasus einerseits, und aus dem der zahl- und einflußreichsten Völker im Reiche andererseits: der Großrussen, Kleinrussen, Polen, Juden und Deutschen. Hier kann freilich hauptsächlich der herrschende Beruf des ausgesprochenen Agrarlandes in Betracht kommen: die Landwirtschaft mit ihren Nebenbetrieben. Dieser Beruf hat bei den Hauptbergvölkern folgendes Bild:

Das prozentuale Verhältnis der ersten Berufsklasse zu den Gesamteinwohnern bei den folgenden kaukasischen Völkern.

Tabelle b.

A. Landwirtschaft (mit Nebenbetrieben).

	Selbständige beider Geschlechter	Familienangehörige beider Geschlechter
Kabardiner	91,32 %	98,38 %
Tscherkessen	71,70 %	96,50 %
Tschetschenzen	88,58 %	98,00 %
Awaro-Andiner	82,17 %	92,76 %
Darginer	80,00 %	88,61 %
Kurden	90,14 %	96,47 %
Ossetiner	80,96 %	97,14 %

Von den anderen Berufsklassen lohnt es sich gar nicht, zu erwähnen, weil bei den oben genannten Völkern mindestens 71,70 % bis 91,92 % von allen berufstätigen Selbständigen Landwirtschaft treiben und von der Gesamtheit der Familienangehörigen 88,61 % bis 98,38 % allein Landbewohner sind. Das ist eine ungewöhnliche Höhe der Konzentration der Bevölkerung in einem herrschenden Berufe des platten Landes. Vergleicht man diese Prozentzahlen mit der Tabelle a, so findet man große Unterschiede in den Einteilungen der verschiedenen Völker; der bei manchen Völkern tief gehende Unterschied ist ein direkter Ausdruck der Differenzierung der ersteren (Tabelle a) und der Homogenität der kompakten Masse der zweiten (Tabelle b). Diese Tatsache bezeugt auch das mehr oder minder entwickelte Städtewesen und die Städtekultur bei den kaukasischen Hauptvölkern und das einseitige Ackerbau- und Hirtenleben bei den Bergvölkern.

Um aber unsere ursprünglichen Beispiele noch weiter mit Zahlenoperationen zu illustrieren und nötige Aufschlüsse für unsere weiteren Betrachtungen gewinnen zu können, wollen wir, wie oben gesagt, das interessante Bild des Hauptberufes der zahlreichsten Völker im Reiche hier folgen lassen.

Das prozentuale Verhältnis der ersten Berufsklasse zu den Gesamteinwohnern der folgenden Völker im Reiche.

Tabelle c.

A. Landwirtschaft (mit Nebenbetrieben)

	Selbständige		Familienangehörige	Alle zusammen
	männlich	beide zusammen	beider Geschlechter	
Großrussen	52,40 %	47,24 %	81,12 %	71,57 %
Kleinrussen	77,40 %	73,12 %	91,38 %	87,21 %
Polen	53,46 %	48,72 %	69,66 %	63,03 %
Deutsche	45,31 %	39,24 %	65,68 %	56,74 %
Juden	3,00 %	2,65 %	4,30 %	3,80 %

Diese Zahlen sind lehrreich genug. Die grellste Tatsache, die gleich ins Auge fällt, ist die ganz verschwindende Vertretung der Juden in den landwirtschaftlichen Berufszweigen. Sie nehmen in dieser Hinsicht eine noch niedrigere Stelle im Reiche ein, als die Perser im Kaukasus. Ein landloses Volk konnte auch naturgemäß kein Bauernvolk sein und keinen Ackerbau entwickeln und pflegen, obwohl der offizielle Kommentator der reichsstatistischen Ergebnisse hierfür eine vollständig tendenziöse Erklärung gibt (Bd. II, S. LII). Also die Differenzierung der Juden, ähnlich wie die der Perser, hat keine normale Entwicklung durchgemacht, sondern ist unter außerordentlichen Umständen vor sich gegangen. Von den übrigen Völkern fällt, als Gegenpol der Juden, die ungeheure Masse der Kleinrussen in der Berufsklasse A auf, wo sie fast genau dieselbe

Stellung einnehmen (im Reiche), wie die Türken im Kaukasus (Tabelle a): gegenüber den 77,40 % kleinrussischen Selbständigen stehen 77,54 % türkische und gegenüber den 91,38 % Familienangehörigen bei den ersteren stehen 91,76 % bei den zweiten. Eine solche Gleichmäßigkeit bezüglich der landwirtschaftlichen Beschäftigung finden wir bei den Großrussen im Reiche und Armeniern im Kaukasus: den 47,24 % russischen Selbständgen (beider Geschlechter) und den 71,57 % der ländlichen Bevölkerung (Selbständige und Familienangehörige zusammen) stehen 47,85 % und 71,27 % armenische gegenüber[1]). Allerdings übertreffen die männlichen Selbständigen bei den Russen (52,40 %) diejenigen bei den Armeniern (49,72 %) um 2,68 %. Annähernd dieselbe Stellung nehmen die Polen in der Landwirtschaft ein: Sie haben 53,46 % männliche Selbständige, 48,72 % männliche und weibliche Selbständige, dagegen nicht mehr als 63,03 % ländliche Bevölkerung überhaupt aufzuweisen. Ein Beweis dafür, daß sich das Städtewesen bei den Polen mehr als bei irgendeinem von den erwähnten Völkern (die Juden und Perser kommen hier nicht in Betracht) entwickelt hat: 36,97 % der gesamtpolnischen Bevölkerung sind städtische. Das Verhältnis einer solchen Differenzierung zwischen Stadt und Land ist bei den Deutschen noch weitgehender: Sie haben 45,31 % männliche und 39,24 % männliche und weibliche Selbständige und 57,74 % ländliche Bevölkerung überhaupt aufzuweisen. Die Deutschen haben also das Übergangsstadium von ländlichen zu städtischen Berufen bereits hinter sich, was nur vorläufig das Verhältnis der selbständigen Berufsträger hier und dort anbetrifft.

Ein flüchtiger Vergleich der landwirtschaftlichen Berufsträger untereinander in den oben angeführten drei (a, b, c,) Tabellen gibt

[1]) Der obenerwähnte offizielle Kommentator gibt falsche und tendenziös gefärbte Angaben über einige für ihn scheinbar recht unsympathische Völker bezüglich ihrer landwirtschaftlichen Tätigkeit. Während er z. B. von den anderen Völkern die Prozentzahlen, übrigens nicht mit Genauigkeit, über die Landbevölkerung (der beiden mit der Landwirtschaft sich beschäftigenden und von ihr ernährten Kategorien, also der Selbständigen und Familienangehörigen zusammen) angibt, teilt er in derselben Reihe von den Armeniern nur das Prozent der Selbständigen, und auch das nicht einmal richtig, mit: 43,86 % anstatt, wie wir wissen, 47,85 % armenische, und 3,24 % anstatt 3,80 % jüdische Selbständige. Danach kommen nach seiner gekünstelten Rechnung 70,35 % (richtiger: 71,57 %) russischer Landbevölkerung gegen 43,86 % (nach unserer Rechnung 71,27 %) armenischer Landbevölkerung. Warum diese tendenziöse Fälschung? Hierauf werden wir noch zurückkommen.

uns Veranlassung zu manchen Erörterungen. Nach der prozentualen Höhe der Selbständigen kann man die besprochenen Völker in einige Kategorien einteilen. Die erste umfaßt die Juden und Perser, bei denen die Landwirtschaft nicht den Hauptberuf bildet, und wo sie infolgedessen keinen großen Prozentsatz darstellen. Die zweite Kategorie umfaßt die Großrussen, Armenier, Polen und die Deutschen, bei denen die Höhe der Verhältniszahl durchschnittlich zwischen 30 und 50 liegt. Bei diesen Völkern ist die Landwirtschaft relativ noch der Hauptberuf, welcher weniger als die Hälfte aller Selbständigen beschäftigt, aber weit über die Hälfte aller Familienangehörigen in sich faßt. Die dritte Kategorie umfaßt die Grusiner, Gesamtgeorgier und die Tataren, bei denen schon die Landwirtschaft den absolut herrschenden Hauptberuf bildet, welcher eine Verhältniszahl von Selbständigen zwischen 60 und 70 eingrenzt. Schließlich faßt die vierte Kategorie die Kleinrussen, Türken und die ganze Tabelle b (die Bergvölker, die Kurden und Ossetiner) zusammen, die rein agrarischen Elemente, bei denen die Landwirtschaft eine ungeheure Mehrheit von durchschnittlich 70—90% aller Selbständigen beschäftigt, und die Verhältniszahl der Familienangehörigen bis auf die Höhe von 98% und darüber hinaus steigt.

Wie ist das nationale und soziale Wesen dieser Erscheinung: einer schwachen oder relativ starken oder absolut herrschenden Vertretung dieses oder jenes Volkes in der ersten Berufsklasse (A) vom Standpunkte des kulturellen Fortschrittes des Landes aus zu charakterisieren und zu qualifizieren? Die landläufige Laienmeinung sowohl wie die veraltete Anschauung der alten idealistischen Denker äußern sich zugunsten der Landwirtschaft. Man hält es für ein Nationalglück und einen sozialen Wohlstand — einen blühenden Ackerbau, ein starkes Bauernvolk im Schoße des platten Landes gebunden zu haben; denn einerseits erblickt man in der Agrikultur das mächtigste Fundament des Nationalreichtums, andererseits die Grundlage der Beibehaltung der nationalen Reinheit und Festigkeit, des Prinzipes des Privateigentums usw.; drittens fühlt man eine instinktive Abscheu vor der folgenschweren Auswanderung der produktiven Kräfte mit ihren Angehörigen vom Lande nach den Städten: von der Landwirtschaft zur Industrie und zum Handel. Dadurch, so denkt man, wird erstens die Agrikultur ruiniert, zweitens die Masse der Landlosen und überhaupt Besitzlosen vermehrt, drittens steigert sich der Grad der Ausbeutung in der Industrie und die Spekulation der Wuchergeschäfte im Handel. Daher sind diejenigen Völker, bei denen diese Tendenz verhältnismäßig am schärfsten zum Ausdruck kommt: die Juden und die Armenier, am meisten verhaßt, die ersten im Reiche, die zweiten im Kaukasus. Die Naivität und Oberflächlichkeit eines solchen kindischen Denkens teilt auch der Herr Kommentator der reichsstatistischen Angaben vollauf, daher seine oben erwähnte tendenziöse Zusammenstellung der falschen Prozentzahlen.

Jedes Wort ist gänzlich überflüssig, diese alt patriarchalischen Anschauungen, die übrigens durch die wissenschaftliche Literatur gerade in Rußland zu nichte gemacht worden sind, zu widerlegen. Das reale Faktum und die vorwärtsschreitende Tendenz der ökonomischen Entwicklung in Rußland, wie namentlich in Westeuropa, spottet solcher unhaltbarer „volkstümlichen" Ansichten in der Periode der Herrschaft der technischen Industrie, des labyrinthischen Großstadtlebens. Der Landwirtschaft gegenüber der Industrie und dem Handel einen Vorzug einzuräumen, und zwar in ökonomischer, allgemein kultureller und nationalsozialer Hinsicht, heißt mit anderen Worten, den kaukasischen fast schlechtweg mit der Landwirtschaft beschäftigten Bergvölkern einen produktiv-kulturellen Vorrang gegenüber den anderen Völkern im Kaukasus und im Reiche, ja gegenüber den Handels- und Industrievölkern Westeuropas, geben zu wollen. Das ist das logische Resultat der oben gekennzeichneten Anschauungen. Und wenn man so etwas behauptet, so huldigt man damit einem sogenannten agrarischen Tolstojismus, mit dem aber ist dann nicht mehr ernst zu diskutieren.

Jeder Triumph der Stadt über das Land, der kapitalistischen Städtekultur des modernen Bürgertums über die bäuerliche Agrikultur des flachen Landes, bedeutet einen allgemeinen Sieg des kulturellen Fortschrittes, überhaupt des ganzen gesellschaftlichen Lebens über die Zurückgebliebenheit und konservativen Urreste des altpatriarchalischen Lebens und Denkens. Entwickelt sich in einem Lande die moderne kapitalistische Industrie, mit ihren ergänzenden und begleitenden Zweigen und Funktionen, wie sie der Handel und Verkehr mit ihren mannigfachen Apparaten darbieten, so steigt im entsprechenden Tempo auch das Niveau der gesamten Kultur: in materieller, ideeller, politischer und allgemein sozialer Hinsicht. Dieses Stadium der gesellschaftlichen Entwicklung hat die fortgeschrittene westeuropäische Gesellschaft schon längst durchgemacht, Rußland befindet sich noch in diesem Übergangsstadium. Daher gegen den Zuzug der ländlichen Bevölkerung, vor allen Dingen der aktiven Berufsträger, nach den Städten, ferner gegen die unaufhaltsame Differenzierung eo ipso Vielgestaltung des gesellschaftlichen Gesamtkörpers des russischen Reiches etwas einwenden, heißt gegen die kapitalistische Kultivierung, daher auch Europäisierung Rußlands sich aussprechen.

Unter diesem Gesichtspunkte betrachtet, bekommen die von uns besprochenen Völker (die Tabellen a, b, c) eine andere kulturelle Stellung und Wertung: die kulturell fortgeschrittensten sind darunter diejenigen, welche technisch-ökonomisch am weitesten differenziert, gesellschaftlich heterogen geworden sind. Sehen wir von den Persern und Juden ab, als Volkselemente, welche keinen normalen Differenzierungsprozeß durchgemacht, keinen langen Weg von der ländlichen Homogenität zur städtischen Heterogenität geschritten sind, so können wir die Reihen der übrigen Völker nach unserem eben aufgestellten Grundsatze folgen lassen: von den einheimischen Hauptvölkern des Kaukasus sind die Armenier kulturell am meisten fortgeschritten und berufsmäßig am weitgehendsten differenziert; weiter folgen die Grusiner, dann die Gesamtgeorgier, die Tataren und dann erst die Türken. Die Bergvölker, die Ossetiner, Kurden und alle möglichen Hirten- und Ackerbauvölker befinden sich noch auf der untersten Stufe der technisch-ökonomischen, daher auch gesamt-kulturellen Stufe. Von den Reichsvölkern sind die Deutschen, Polen und Großrussen technisch-ökonomisch und allgemein kulturell die fortgeschrittensten; die rein agrarischen Kleinrussen, wie auch Weißrussen stehen noch sehr weit zurück. Wir sahen und begründeten schon das Gesagte an der Hand der konkreten Tatsachen. Um aber diese Beweisführungen noch eingehender zu bekräftigen, wollen wir unsere Betrachtungen über die landwirtschaftlichen Beschäftigungen in den letzten drei (a, b, c) Tabellen noch mit einzelnen Beispielen der wichtigsten Berufsgruppen von den anderen Berufsklassen ergänzen, und zwar speziell durch die Prozentverhältnisse der männlichen selbständigen Berufsträger. Wir gruppieren hier einzelne verwandte Berufszweige in große Sammelgruppen und bezeichnen sie mit römischen Zahlen: Verwaltungs- und andere öffentliche Dienste (Berufsgruppen Nr. 1, 2 und 3, siehe die Benennungen Tabelle I, Seite 27) mit I; Militärkräfte (Nr. 4) mit II; die kirchlichen Dienste (entweder Nr. 5, oder 6, oder 7, je nachdem ob es sich um orthodoxe, andere christliche oder nichtchristliche Konfessionen handelt) mit III; die Schul- oder pädagogische Tätigkeit, die wissenschaftlich-künstlerischen und ärztlich-sanitären Berufe (Nr. 9, 10, 11), kurz die Träger der ideellen oder geistigen Kultur: mit IV; die wechselnde Lohnarbeit und dienstlichen Haushaltungsberufe (Nr. 13) mit V; die Rentiers oder Pensionäre (Nr. 14, 15) staatlicher wie privater Art: mit VI; die Vertreter der wichtigsten Berufszweige in der Industrie und des Bergbaues (Nr. 22, 25, 26, 27, 32, 37, 38) mit VII; die Berufsträger des Verkehrswesens (Nr. 42, 43) mit VIII, und schließlich die wichtigsten Berufsgruppen im Handel (Nr. 48, 51, 55) mit IX. So bekommen wir folgendes Bild:

Tabelle d.

Das Verhältnis der einzelnen Berufsgruppen zu der Gesamtheit der männlichen Selbständigen bei den folgenden Völkern.

	I.	II.	III.	IV.	V.	VI.	VII.	VIII.	IX.
	männliche Selbständige	männliche Selbständige	männliche Selbständige	männliche Selbständige	männliche Selbständige	männliche Selbständige	männliche Selbständige	männliche Selbständige	männliche Selbständige
Großrussen	1,85 %	5,45 %	0,87 %	0,95 %	6,07 %	2,91 %	16,22 %	2,74 %	2,30 %
Kleinrussen	0,72 %	4,00 %	0,38 %	0,37 %	5,00 %	1,08 %	6,87 %	1,09 %	0,60 %
Polen.....	1,65 %	4,60 %	3,15 %	1,03 %	11,80 %	3,40 %	15,00 %	2,11 %	0,94 %
Deutsche .	1,30 %	3,82 %	0,26 %	2,52 %	6,44 %	4,66 %	22,44 %	1,17 %	2,71 %
Juden. ...	0,30 %	4,41 %	0,50 %	3,60 %	5,14 %	3,71 %	32,15 %	3,31 %	20,00 %
Armenier .	1,30 %	2,73 %	0,74 %	0,66 %	8,80 %	2,61 %	14,46 %	1,32 %	8,13 %
Grusiner ..	1,25 %	2,52 %	1,00 %	0,55 %	8,36 %	2,90 %	7,22 %	2,50 %	2,60 %
Tataren...	0,57 %	3,63 %	0,60 %	0,32 %	7,10 %	2,00 %	6,00 %	1,85 %	3,60 %

Diese Tabelle liefert uns einen Ergänzungsbeweis zu den Tabellen a, b, c: standen dort die Grusiner, Tataren und besonders die Kleinrussen mit ihren Verhältniszahlen als überwiegend rein agrarische Elemente an der Spitze der Berufsträger der anderen Völker, so stehen sie hier in den wichtigsten Berufsgruppen außerhalb des Bereiches der Landwirtschaft am tiefsten, daher sind sie am wenigsten differenziert. In der VII. Reihe, welche sieben wichtige Berufsgruppen der Industrie enthält, sind die Juden am stärksten vertreten, und zwar mit beinahe $^1/_3$ (32,15 %) der Gesamtzahl aller jüdischen Selbständigen. Dann folgen reihenmäßig die Deutschen mit über $^1/_5$ (22,44 %) aller männlichen Selbständigen, ferner die Großrussen mit 16,22 %, die Polen mit 15 % und die Armenier mit 14,46 %, weiter folgen die anderen drei Völker: Grusiner, Kleinrussen und Tataren mit ganz geringen Prozentzahlen. Diese VII. Reihe, welche in unserer Tabelle nur einen Teil der produktivsten

Berufszweige darstellt, ist der richtigste Gradmesser, welcher den verschiedenen Völkern das eigentliche ökonomische Gepräge im Getriebe der gesamten Volkswirtschaft Rußlands aufdrückt. In diesen sieben Berufsgruppen der Industrie überragen die Juden alle Völker; sie sind mehr: um 9,71 % als die Deutschen, um 15,93 % als die Großrussen, 17,15 % als die Polen, 17,69 % als die Armenier und noch bedeutend mehr als die anderen Völker vertreten. Das ist die ökonomische, besser die industrielle Stärke der Juden in Rußland. Aber auch in der übernächsten Reihe (in der IX.), d. h. nur in drei Berufsgruppen (Nr. 48, 51, 55) des Handels, überragen sie noch in größerem Maßstabe alle anderen Völker: In diesen drei Gruppen der Handelstätigkeit beschäftigen sich ungefähr $^1/_5$ (20 %) aller jüdischen männlichen Selbständigen. Nachher folgen unmittelbar die Armenier, und zwar mit nicht weniger als 8,13 %. Die anderen Völker sind verhältnismäßig sehr schwach vertreten. Daher der wütende Kampf und der blinde Haß gegen die Juden im Reiche und gegen die Armenier im Kaukasus als führende Handelsvölker. Auch auf dem Gebiete der geistig-kulturellen Tätigkeit (Schul-, pädagogischen und ärztlichen Tätigkeit, Kunst, Wissenschaft und dergl.) stehen die Juden voran, und zwar mit 3,60 %, dann folgen die Deutschen mit 2,52 %, Polen mit 1,03 %, dann erst die Großrussen mit 0,95 %, die Armenier mit 0,66 %, die Grusiner mit 0,55 %, Kleinrussen mit 0,37 % und schließlich die Tataren mit 0,32 %. Auf dem Gebiete der wechselnden Lohnarbeit und Hausdiensttätigkeit (V) sind die Polen am stärksten vertreten: mit 11,80 %, dann die Armenier mit 8,80 % und weiter folgen die anderen Völker. In der VI. Reihe, wo die Rentiers und Pensionäre vertreten, stehen die Deutschen mit 4,66 % und dann die Juden mit 3,71 % an erster Stelle. Während es bei den Deutschen außer den reinen Finanzrentiers auch eine große Anzahl von agrarischen Rentiers und Staatspensionären gibt, gehören die Juden vorzugsweise der ersten Kategorie an; denn in der zweiten sind sie zu schwach vertreten, wie wir sahen, und in den Staatsdienst werden sie selten aufgenommen. Weiter folgen in der VI. Reihe die Polen mit 3,40 % und erst die Großrussen mit 2,91 %; ferner folgen die Grusiner mit 2,90 % (auch bei diesen ist eine große Menge von agrarischen Rentiers zu verzeichnen), dann die Armenier mit 2,61 %, die Tataren mit 2 % und die Kleinrussen mit 1,08 %. In der I. und II. Reihe, auf dem Gebiete der Verwaltungs- und Militärtätigkeit, sind die Großrussen begreiflicherweise am stärksten vertreten, als die politisch regierenden Elemente, welche bei dem jeweilig herrschenden Regime immer Vorzugsrechte vor den anderen Völkern genießen. In der III. Reihe, auf dem Gebiete der kirchlichen Dienste, beschäftigt die katholische Kirche bei den Polen verhältnismäßig mehr Selbständige, nämlich 3,15 %, als die Kirchen bei den anderen Völkern, jede für sich allein genommen; nach den Polen folgen die Grusiner, mit 1 %. Am wenigsten beschäftigt die protestantische Kirche bei den Deutschen: 0,26 % von der Gesamtzahl der Selbständigen.

Also nach der ökonomischen Stärke der Völker in der Tabelle d, deren Gradmesser die Reihen VII und IX bilden, d. h. Industrie und Handel, nehmen die Juden prozentual weitaus die erste Stelle ein, dann kommen die Deutschen an die Reihe: das sind zwei Elemente, die den größten Teil der industriellen Unternehmungen in den westlichen Gouvernements, im Weichselgebiet, in ihren Händen konzentriert haben. Der prozentuale Unterschied ist unter den drei folgenden Völkern: Großrussen, Polen und Armeniern so gering, daß sie in eine Reihe eingeordnet werden können, als mit der Industrie ungefähr sich gleichmäßig beschäftigende Nationen. Nehmen die Armenier im Vergleich mit den Reichsvölkern industriell die fünfte und kommerziell die zweite Stelle ein, so besitzen sie im Kaukasus unter allen Völkern die erste herrschende Position: Selbst die Russen stehen im Kaukasus hinter den Armeniern sehr weit zurück, denn die Russen sind größtenteils, wie wir sahen, im Nordkaukasus konzentriert, wo die Industrie sehr schwach entwickelt ist, dagegen im Transkaukasus, in der eigentlichen Heimat des kaukasischen Handels und der Industrie, sind die Russen absolut wie relativ äußerst schwach vertreten. Noch in der Tabelle Nr. 5 sahen wir, daß die armenischen männlichen Selbständigen in der Landwirtschaft nur 8,96 % der Gesamtzahl der kaukasischen Selbständigen bilden, während in der Industrie und im Handel zusammen (20,49 % + 23,77 %) nicht weniger als 44,26 % (der gesamtkaukasischen Selbständigen) armenische männliche Selbständige sich beschäftigen. Dieser Anteil ist riesig groß für ein Volk, welches nach seiner ziffermäßigen Größe hinter den Russen, Tataren und selbst Gesamtgeorgiern im Kaukasus zurücksteht, keines aber von diesen hat selbst annähernd die Höhe des prozentualen Anteiles der mit Industrie und Handel Beschäftigten erreicht, wie das armenische Volk. Die Gesamtgeorgier haben z. B. 16,08 % der gesamtkaukasischen Selbständigen in der Landwirtschaft und nur um 10 % mehr, das ist 26,08 % in der Industrie (10,96 %) und im Handel (15,12 %) zusammen aufzuweisen; das heißt im ersten Falle zweimal mehr und im zweiten über anderthalbmal weniger als die

Armenier. Diese letzteren sind also im Kaukasus unter allen Völkern die industriell und kommerziell am ausgedehntesten und intensivsten beschäftigten Elemente. Rechnet man laut der Angaben von 1908 („Kaukasischer Kalender" 1910, S. 552—559) im ganzen Kaukasus 23688 Fabriken und Werkstätten der verschiedensten Art, ferner einen Produktionswert von 73469842 Rubeln und eine Arbeiterzahl von 96402 Personen, so beteiligen sich daran die Armenier mit rund 5000 Fabriken und Werkstätten, 15 Millionen Rubel Produktionswert und 20000 Arbeitern. Dieser Anteil ist aber ein höchst minimaler, denn die Angaben über den Stand der Industrie des Kaukasus datieren von 1908, während die Berufsvertretung nach der Volkszählung von 1897 datiert; also die Vertretung der Armenier in verschiedenen industriellen Berufszweigen und deren Anteil am Produktionswert wären 1908 viel größer gewesen, wenn wir eine neue Volkszählung gehabt hätten, wonach es erst möglich gewesen wäre, festzustellen, in welchem Maße die Berufsvertretung der Armenier auf dem Gebiete der Industrie gestiegen ist.

3.

Nach den technisch-ökonomischen berufsmäßigen Stellungen der kaukasischen Völker ist es schon leicht zu ersehen, wie sich bei ihnen die sozialen Schichten gestaltet haben; denn wie wir im Anfange dieses Kapitels grundsätzlich ausgesprochen haben, haben die gesellschaftlichen Schichtungen eines Volkes den Berufsstand und die ökonomische Lage desselben zur Grundlage. Wenn wir statistisch festgestellt haben, daß z. B. die Armenier im Kaukasus auf dem Gebiete der Industrie- und Handelstätigkeit verhältnismäßig am stärksten vertreten sind, so folgt daraus notwendigerweise, daß sie mehr als irgendein anderes Volk aus sich ein starkes Bürgertum — eine besondere Schicht der Industriellen und der Großkaufmannschaft — herausgebildet haben: das ist die Klasse der armenischen Bourgeoisie, die quantitativ (prozentual) wie qualitativ im Kaukasus unter den einheimischen Völkern unbedingt vorherrscht. Wenn wir ferner herausgefunden haben, daß die Grusiner bezw. Gesamtgeorgier, die Tataren, Türken usw. eine absolut herrschende Mehrheit von Selbständigen auf dem Gebiete der Landwirtschaft aufzuweisen haben, so ist es klar, daß bei diesen Völkern das Bauerntum, darunter das adlige Großgrundbesitzertum, als herrschende Elemente die tonangebende Rolle im Volks- und Nationalleben spielen.

Die weiteren ergänzenden Tatsachen illustrieren zum überflüssigen Male unsere Schlußbetrachtungen. Nach der Volkszählung hatten die verschiedenen Gesellschaftsschichten im Kaukasus folgende Zahlenverhältnisse:

I.	II.	III.	IV.	V.	VI.	VII.
Erbl. Adlige mit Familienangehörigen	Pers. Adlige und Beamte bürgerlicher Herkunft mit Familienangehörigen	Geistliche aller Christlichen Konfessionen mit Familienangehörigen	Erbl. und persönliche Bürger mit Familienangehörigen	Kaufleute mit Familienangehörigen	Städtisches Bürgertum mit Familienangehörigen (Bourgeois des villes)	Bauern mit ihren Familienangehörigen
170967	53878	57558	19759	18555	753422	6926174

Wie verteilen sich nun diese sieben sozialen Stände unter den Hauptvölkern des Kaukasus? Das ersehen wir aus der folgenden Tabelle (wir bezeichnen die Stände nur mit römischen Ziffern):

	I.	II.	III.	IV.	V.	VI.	VII.
Russen	28789	25416	10737	7026	5119	357582	1734538
Armenier [1]) . .	9318	4660	11907	6468	6001	123213	878186
Ges.-Georgier	70972	13860	29369	2749	2283	47768	1180277
Türko-Tataren	46996	2302	724	309	1386	139374	1511755[2])

Schon auf den ersten Blick sieht man klar, welche soziale Schichten bei diesem und jenem Volke vorherrschen. Zunächst vom Kaukasus überhaupt. Wenn man die Stände des Kaukasus mit denjenigen der übrigen Landesteile des Reiches, vor allen Dingen

[1]) Wir wissen nicht, warum in dieser Abteilung die Angaben über die Armenier nicht gesondert gegeben sind, obwohl auch hier die Sprache die Grundlage der Einteilung gebildet hat, sondern unter einem allgemeinen Titel: „Übrige indoeuropäische Sprachen" zusammengefaßt sind; darunter sind gemeint außer den Armeniern noch: Perser, Griechen, Kurden, Ossetiner, Taten und einige verschwindend geringe Elemente. Wir haben den Anteil der Armenier ermittelt und hier gesondert angegeben: ungefähr 73,58% der unter dem erwähnten Titel subsumierten Gesamtzahlen bilden Armenier.

[2]) Hier haben wir das männliche und weibliche Geschlecht gleich zusammengerechnet. (Bd. II, S. 382.)

mit den fortgeschrittensten, vergleicht, so findet man, daß unser Gebirgsland, im ganzen genommen, noch ein recht altfeudales und klerikales Gepräge trägt. Während z. B. der erbliche oder Stammadel im Weichselgebiet 1,44 % und im europäischen Rußland nur 0,95 % der ganzen Bevölkerung bildet, reicht derselbe Stand im Kaukasus bis auf 1,84 %. Ferner macht der persönliche (oder erworbene) Adel im Kaukasus 0,60 %, im Weichselgebiet 0,47 % und im europäischen Rußland 0,52 % aus. Personen des geistlichen Standes (mit Familienangehörigen) bilden im Kaukasus 0,61 %, im Weichselgebiet 0,08 %, im europäischen Rußland 0,54 %. Das sind die sogenannten unproduktiven, ja parasitischen Elemente in jedem nationalen Organismus. Mit diesen Elementen, wie man sieht, ist der Kaukasus leider reichlich genug versehen und überragt die anderen Landesteile. Dagegen bezüglich des städtischen Bürgertums steht der Kaukasus hinter den beiden Reichsteilen zurück. Im Kaukasus bildet das städtische Bürgertum (die Bourgeoisie der Städte) nur 8,11 % der Gesamtbevölkerung, im europäischen Rußland 10,64 % und im Weichselgebiet gar über 23,52 %, d. h. fast dreimal mehr als im Kaukasus; das ist ein Beweis der Blüte des Städtewesens im fast vollständig europäisierten Weichselgebiet. Endlich bildet das Bauerntum überall eine absolut herrschende Mehrheit im typisch agrarischen Lande: im Kaukasus 74,60 %, im Weichselgebiet 73 % und im europäischen Rußland gar 84,20 %.

Wie stehen nun die Verhältnisse bei den oben erwähnten Völkern des Kaukasus? Der erste flüchtige Blick sagt uns, daß die Ursachen des feudalen und klerikalen Übergewichts im Kaukasus vor den anderen Landesteilen bei den Gesamtgeorgiern zu suchen sind. Man vergleiche die Zahlen der vier Hauptvölker unter den Reihen I, II und III, besonders unter I! Wie unheimlich stark die Georgier in diesen Reihen vertreten sind! Wie riesig groß die Zahl des stammadligen Standes, dieses mittelalterlichen Rittertums ist! Dagegen wie verschwindend gering ist derselbe bei den Armeniern! Andererseits sieht man klar, wie die Armenier in der V. und VI. Reihe, wo die Kaufmannschaft und das städtische Bürgertum figurieren, mächtig vertreten sind. Vom Standpunkte des modernen fortschrittlichen Bürgertums ist allerdings dieses Faktum ein großes Plus für das armenische Volk. Wollen wir im einzelnen erfahren, zu welchem Verhältnisse die angeführten sieben sozialen Stände zu den Gesamtbewohnern der betreffenden Völker einerseits und zu den entsprechenden sozialen Ständen des Kaukasus überhaupt, andererseits, stehen, so bringen wir hier die Prozentzahlen.

Das prozentuale Verhältnis der sozialen Stände der einzelnen Völker zu deren Gesamtheit.

	I.	II.	III.	IV.	V.	VI.	VII.
Russen	0,91 %	0,81 %	0,34 %	0,22 %	0,16 %	11,33 %	55,00 %
Armenier	0,83 %	0,41 %	1,06 %	0,57 %	0,53 %	11,02 %	78,54 %
Ges.-Georgier	5,26 %	1,03 %	2,20 %	0,20 %	0,17 %	3,54 %	87,40 %
Türko-Tataren	2,61 %	0,13 %	0,04 %	0,02 %	0,07 %	7,76 %	84,14 %

Weiter: das prozentuale Verhältnis der sozialen Stände der einzelnen Völker zu denjenigen der gesamtkaukasischen Bevölkerung:

	I.	II.	III.	IV.	V.	VI.	VII.
Russen	16,84 %	47,17 %	18,65 %	35,60 %	28,00 %	47,46 %	25,04 %
Armenier	5,46 %	8,65 %	20,70 %	32,43 %	32,34 %	16,35 %	12,70 %
Ges.-Georgier	41,53 %	25,72 %	51,02 %	14,00 %	12,35 %	6,34 %	17,00 %
Türko-Tataren	27,50 %	4,27 %	1,26 %	1,56 %	7,47 %	18,50 %	21,82 %

Man betrachte zuerst aufmerksam die I. Reihe der beiden Tabellen: 5,26 % der gesamtgeorgischen Bevölkerung bilden erblichen oder Stammadel, welcher nicht weniger als einen Anteil von 41,53 % des gesamten adligen Standes im ganzen Kaukasus ausmacht. Wir kennen kein zweites Beispiel in der Welt, welches einen so außerordentlich großen Anteil an mittelalterlichen feudalen Überresten in der modernen gesellschaftlichen Struktur irgend eines Volkes aufzuweisen hätte, wie dasjenige der Georgier oder Kartwelier im Kaukasus. Obwohl der größte Teil dieses überlebten Standes bereits proletarisiert worden ist: sie sind einfache Bauern, Handwerker und Arbeiter geworden, genießen sie dennoch unter der Ägide des absolutistischen Staatssystems alle Privilegien. Andererseits geht nach und nach die höhere Schicht dieses Standes: die reichlich begüterten georgischen Fürsten, ökonomisch-betriebsmäßig zugrunde, indem sie unter dem Drucke der Geldwirtschaft ihre Grundstücke den Magnaten des mächtig aufsteigenden Großkapitals zu verkaufen sich genötigt sehen. Es sind armenische, russische und ausländische (westeuropäische) Kapitalisten, welche die großen Güter des bankerottierenden Adels erwerben. Also das, was in Rußland bezw. im Kaukasus politisch nicht geschehen ist: die Abschaffung oder Verminderung des großen überflüssigen Heeres des Adelsstandes, das geschieht spontan auf dem Gebiete des ökonomischen Kampfes: die Träger der patriarchalischen Naturalwirtschaft mußten mit Naturnotwendigkeit dem Eroberungszuge der modernen technischen Industrie weichen. Jedoch behalten sie, wie gesagt, ihre adligen Vorrechte unangetastet. Die zweite Stelle nimmt der türkotatarische Adelsstand ein: Dieser bildet 2,61% der Gesamtbevölkerung und über $^1/_4$ oder 27,50% des gesamten Adels im Kaukasus. Genau dieselben Betrachtungen, namentlich bezüglich der wirtschaftlichen Konkurrenz, gelten auch für die türkotatarischen Adligen. Eins ist aber hinzuzufügen: den hohen Adel, bestehend sämtlich aus Personen fürstlichen Ranges, finden wir im Kaukasus nur bei den Georgiern, als eine besondere organisierte Kaste, daher ist bei keinem Volke die agrarische Aristokratie so fest und stark hervorgetreten, und hat auch im Stadtleben einen so großen Einfluß ausgeübt, wie der georgische Adel. Bei den Russen im Kaukasus, namentlich aber bei den Armeniern, ist dieser Stand, wie ersichtlich, verhältnismäßig schwach vertreten, bildet nicht einmal ein Prozent der Gesamtbevölkerung. Auch bei diesem Stande sind die kapitalistischen Schläge der unaufhaltsam sich ausbreitenden Geldwirtschaft in gleichem Maße fühlbar. Aber dieser ökonomische Kampf zwischen den adligen Großgrundbesitzern einerseits, als der passiven Seite, die sich selbst auf ihrer Position erhalten und sich verteidigen will, und den Magnaten der Geldaristokratie andererseits, als der aktiven Seite, welche, mit mächtigsten Mitteln ausgerüstet, auch das tote Kapital auf dem Lande zu erobern bestrebt ist; — dieser Kampf geht langsam vorwärts, weil die politische Übermacht, das herrschende bureaukratische Regime, stets auf der Seite des adligen Standes steht, hemmt das rasche Tempo des wirtschaftlichen Fortschrittes und erlaubt nicht leicht, daß der reaktionäre Stand, der Hüter und Träger der absolutistischen Autoritätsordnung, in der Masse zugrunde geht.

Auch in der II. und III. Reihe sind die Georgier sehr stark vertreten: 1,03% der gesamten Bevölkerung bildet die Beamtenschaft, die georgische Bureaukratie aus adligen und bürgerlichen Schichten bestehend, und nicht weniger als 2,20% die Geistlichkeit, der georgisch-orthodoxale Klerikalismus, welcher prozentual über die Hälfte (51,02%) der Gesamtzahl der Geistlichen aller christlichen Konfessionen im Kaukasus bildet, und die Bureaukratie — über $^1/_4$

(25,72 %) der gesamtkaukasischen Beamtenschaft. Dieser letztere Stand nimmt bei den Russen (zweite Tabelle) begreiflicherweise die erste Stelle ein: 47,17 %, da die Regierung, wie einmal bezüglich der Militärkräfte hervorgehoben, ihre Beamtenauswahl absichtlich und mit Vorliebe unter den Russen trifft. Bei den Armeniern bildet derselbe Stand nur 8,65 % und bei den Türko-Tataren sogar nur 4,27 % des gesamten Standes im Kaukasus. Von der IV. Reihe an bis einschließlich zur VI. (in beiden Tabellen) treten die Georgier und Türko-Tataren stark zurück: das sind die Reihen der aktivsten und neuesten gesellschaftlichen Schichten, wo die mehr fortgeschrittenen Elemente unseres Gebirgslandes, die Russen und Armenier, herrschende Stellungen einnehmen. Die erblichen und persönlichen Ehrenbürger (IV. Reihe in der ersten Tabelle) bei den Russen bilden 0,22 % und bei den Armeniern 0,57 % der Gesamtbevölkerung; bei den Gesamtgeorgiern und Türko-Tataren 0,20 % und 0,04 %. Die Russen und Armenier zusammen bilden in dieser Reihe (zweite Tabelle) nicht weniger als 68,03 % (35,60% + 32,34 %) der Gesamtzahl des betreffenden Standes im Kaukasus. Auch in der V. Reihe, und zwar in beiden Tabellen, wo die Kaufleute[1]) mit ihren Familienmitgliedern vertreten sind, nehmen die Armenier die erste Stellung ein: 0,53 % in der ersten und 32,34 % in der zweiten Tabelle. Absolut wie relativ stehen die Armenier in dieser Reihe an der Spitze aller kaukasischen, einheimischen und nicht einheimischen Völker: die Armenier haben mehr berufsmäßige Kaufleute als das über drei Millionen umfassende russische Volk im Kaukasus; fast zweimal mehr als die Gesamtgeorgier und alle Türko-Tataren zusammen aufzuweisen haben. Weiter folgen die Russen mit 0,16 % und 28,00 % und die Gesamtgeorgier mit: 0,17 % und 12,35 %. Die Türko-Tataren sind hier am schwächsten vertreten: mit 0,07 % und 7,47 %. In der sechsten (VI.) Reihe, welche die prozentuale Größe des rein städtischen Bürgertums darstellt, stehen die Russen und Armenier fast auf derselben Stufe (erste Tabelle): 11,33 % haben die ersteren und 11,02 % die zweiten aufzuweisen. Charakteristisch ist die höchst niedrige Quote dieses Standes bei den Gesamtgeorgiern: im ganzen 3,54 %, also bedeutend weniger als die Quote des Adels bildet (5,26 %). Es ist etwas Außerordentliches, daß es in unserer Zeit, d. i. in der Periode des bürgerlich herrschenden Wesens, noch

[1]) In dieser V. Reihe sind nicht alle diejenigen zusammengefaßt worden, die überhaupt auf dem Gebiete des Handels tätig sind, sondern nur die speziell berufsmäßigen Kaufleute im engeren Sinne.

Völker gibt, bei denen der mittelalterliche Stand, der typische Feudalismus in quantitativer Übermacht gegenüber dem städtischen Bürgertum steht. Die Türko-Tataren nehmen eine mittlere Stellung ein zwischen den Russen und Armeniern einerseits und den Gesamtgeorgiern andererseits: das städtische Bürgertum bildet bei ihnen 7,76%.

Was endlich die VII. Reihe anbetrifft: das Bauerntum mit seinen Familienangehörigen, so sind hier naturgemäß alle Völker sehr stark vertreten. An der Spitze marschieren die Gesamtgeorgier (in der ersten Tabelle), bei denen nicht weniger als 87,40% der Gesamtbevölkerung aus Bauern bestehen, welche jedoch nur 17% des gesamtkaukasischen Bauerntums bilden. Weiter folgen die Türko-Tataren mit 84,14% (in der ersten Tabelle) und 21,82% (in der zweiten Tabelle). Die dritte Stelle nehmen die Armenier ein mit 78,54% der Gesamtbevölkerung, deren Anteil an der Gesamtzahl dieses Standes im Kaukasus jedoch am bescheidensten ist: 12,70%. Die Russen, als im Grunde genommen fremde Elemente im Kaukasus, sind in dieser Reihe erklärlicherweise verhältnismäßig schwächer vertreten, und zwar mit nur 55%, die immerhin über die Hälfte der Gesamtrussen im Kaukasus bilden; sie haben nicht weniger als über ein Viertel (25,04%) des gesamten Bauernstandes in unserem Gebirgslande aufzuweisen.

4.

Welches sind nun die Ergebnisse der obigen Betrachtungen über die einzelnen sozialen Stände der Hauptvölker im Kaukasus?

Von diesen Völkern haben in erster Linie die Georgier und dann die Türko-Tataren den Typus der alten mittelalterlich-patriarchalischen gesellschaftlichen Struktur noch im wesentlichen bis jetzt festgehalten: sie dürfen mit Fug und Recht als Bauern- und Adels- oder feudale Völker angesehen werden, denn die herrschenden Stützen des gesellschaftlichen Daseins dieser beiden Völker bilden noch die alten sozialen Stände: der Adel einerseits und das Bauerntum andererseits. Das ist aber rein quantitatives Charakteristikum. Qualitativ und dynamisch genommen, figuriert im öffentlichen Leben dieser Völker nur der Adel, vereinigt mit dem Klerikalismus als einem ideologischen Werkzeug; er beherrscht das gesamtnationale Leben und beeinflußt es nach seinen Kasteninteressen.

Ein anderes Bild finden wir bei den Armeniern. Allerdings bildet auch bei diesen das Bauerntum die absolute Mehrheit des Volkes und rein quantitativ genommen, dürfen auch die Armenier in gewissen Grenzen als ein Bauernvolk charakterisiert werden, aber die gesellschaftlich herrschende Macht finden wir hier bei einer ganz anderen sozialen Klasse: es blühen hier im raschen Tempo die städtischen Elemente, der mannigfach gestaltete Körper des modernen Bürgertums. Aus den Reihen dieses üppig sich entfaltenden Bürgertums steigt die kapitalistische Klasse empor: die armenische Bourgeoisie mit ihren industriellen kommerziellen und finanziellen Schichten. Diese Klasse spielt ökonomisch eine führende Rolle überhaupt im ganzen Transkaukasien, unter allen Völkern, und kulturell, im Verein mit der armenischen Geistlichkeit, beherrscht sie das gesamtnationale Leben des armenischen Volkes. Unter den einheimischen Völkern finden wir eine auf breiterer Grundlage des ökonomischen Rationalismus entwickelte kapitalistische Klasse als solche nur bei den Armeniern. Diese befindet sich im wirtschaftlichen Konkurrenzkampfe mit dem alten sozialen Stande der Nachbarvölker: mit dem agrarischen Adel der Georgier und Türko-Tataren. Der Sieg der industriellen Klasse gegen die agrarische bedeutet einen Sieg der ökonomischen Evolution überhaupt, daher ist die Entscheidungsfrage des Kampfes eine kulturelle Zeitfrage.

Zu der armenischen Bourgeoisie gesellt sich die russische. Diese letztere ist aber im Kaukasus, besonders in seiner größten Hälfte, in Transkaukasien, eine winzige Minderheit; doch befindet sie sich gegenüber dem russischen Adel im Prozesse der wachsenden Übermacht. Wenn auch der Einfluß der russischen Bourgeoisie auf dem wirtschaftlichen Gebiete nicht so entscheidend ist, so ist ihre Macht, vereinigt mit derjenigen des großen Stabes der rein russischen Bürokratie, auf dem Gebiete der Politik und der öffentlichen Angelegenheiten eine tonangebende.

Damit ist aber das Moment der ökonomischen Machtstellung der herrschenden Klassen der uns bekannten Völker im Kaukasus noch nicht erschöpft. Die wirtschaftliche Entwicklung Rußlands oder irgend eines Landesteils von ihm ist von Anfang an auf die fremden Kräfte angewiesen gewesen und ist es noch immer. Infolgedessen können in einem solchen Lande die ökonomischen Daseins- und Kampfesbedingungen nicht nur in den einheimischen Rahmen der lokalen Kräfte isoliert bleiben. Mit anderen Worten: die Entscheidung des technisch-wirtschaftlichen Konkurrenzkampfes, auf einer Seite mit dem Untergang der alten Betriebsformen nebst ihren Klassenträgern, auf der anderen Seite mit dem Siege der neuen mächtigen Produktionsform, gepaart mit neuen energischen sozialen Kräften, hängt nicht ausschließlich von den Machtverhältnissen der einheimischen Gesellschaftsklassen ab. Sind z. B. die georgischen und türkotatarischen Großgrundbesitzer von den armenischen und russischen Kapitalisten eingeengt, so sind diese letzteren fast in demselben Maße von den ausländischen (westeuropäischen) Kapitalisten eingeengt, und die erste (agrarische) Gruppe von den letzten beiden gleichermaßen. Wie im Norden und Westen des Reiches seit Jahrhunderten, so haben auch im Kaukasus seit den letzten Jahrzehnten zahlreiche europäische Gesellschaften auf den wichtigsten Gebieten der Industrie, des Bergbaues und des Verkehrs ihre Unternehmertätigkeit begonnen. Nicht nur durch Erschließung neuer wirtschaftlicher Quellen, sondern auch durch Massenankauf der bestehenden Betriebe einheimischer Besitzer haben die ausländischen Kapitalisten einen festen Fuß in der Volkswirtschaft des Kaukasus gefaßt. Weder die Kapitalreserve des einheimischen Marktes, noch der Stand der Technik und der Unternehmungsgeist der lokalen Kräfte sind ausreichend, um einen Platz für das Fremdländische übrig zu lassen. Daher ist der Zufluß des ausländischen Großkapitals und der scharenweise Zuzug der Kapitalmagnaten selbst eine Notwendigkeit für die ökonomische Entwicklung des Landes geworden. Das schwedische und englische Kapital in der berühmten Petroleumindustrie, das französische in den Bergwerksunternehmungen und das belgische im Verkehrswesen haben eine solche Ausdehnung und Höhe erreicht, daß sie in vielen Punkten die einheimische fast vollständig verdrängt haben. Zahlreiche Untersuchungs- und Forschungsexpeditionen dieser Ausländer, neuerdings auch deutscher und amerikanischer, nach dem Kaukasus, eröffnen Aussichten einer blühenden Periode des internationalen Kapitalzuflusses.

Was sagen uns nun aber diese schwerwiegenden Tatsachen? Die ökonomische Entwicklung des Kaukasus in neuester kapitalistischer Richtung, trägt einen kolonialen Charakter: er erlebt das Schicksal, welches jeder Landesteil des Reiches überhaupt erlebt hat und noch erlebt. Der Importkapitalismus ist einer der mächtigsten Faktoren[1]) in der Entwicklung und im Aufbau der russischen Volkswirtschaft gewesen. Während aber der abendländische Kapitalismus seinen beständigen und wachsenden Eroberungszug nach Norden und Westen des Reiches bereits seit Peter dem Ersten begonnen hat, datiert er im Kaukasus erst seit Ende der 70er Jahre des

[1]) Siehe darüber ausführlicher in unserem Werke: „Die ausländischen Elemente in der russischen Volkswirtschaft", speziell die Kapitel XIII, XIV und XV, Berlin 1913.

vorigen Jahrhunderts. Der weitliegende, asiatisch zurückgebliebene und halbwilde Kaukasus hat erst später die Aufmerksamkeit der geschäftssüchtigen Europäer auf sich gelenkt. Der Zufluß und die Investierung des Importkapitals befinden sich im Kaukasus erst im Anfangsstadium. Je weiter, desto mehr und intensiver wächst der Prozeß der fremden Kapitalanlage. Dieses an Bodenschätzen fabelhaft reiche Land hat noch eine glänzende Zukunft der kapitalistischen Kolonisation durch die Westeuropäer durchzumachen.

Die Tendenz dieser Entwicklung wird aber zwei wichtige Begleiterscheinungen ökonomischen und sozialen Charakters zur Folge haben: einmal mit dem Maß der Industrialisierung der mannigfachsten Wirtschaftszweige durch das Importkapital werden sich einheimische Reichtümer in den Händen der Ausländer konzentrieren, und zweitens neben den herrschenden Klassen des eigenen Landes: Großgrundbesitzer und städtische Bourgeoisie, wie wir sie in diesem Kapitel charakterisiert haben, wird eine ausländische Kapitalistenklasse hervortreten[1]): viel mächtiger, tatkräftiger, siegreicher als die einheimischen. Diese Folgen des Importkapitalismus sind am deutlichsten in Russisch-Polen und im Donezgebiet (in Südrußland) und auch im Norden und Zentrum des Reiches zutage getreten: neben den russischen, polnischen und jüdischen Kapitalistenklassen, als im staatsbürgerlichen Sinne, einer gesamtnationalen Bourgeoisie Rußlands, ist eine große Schar von deutschen, französischen, belgischen, englischen, amerikanischen und anderen Kapitalisten, als die Klasse der fremdländischen Bourgeoisie, herrschend aufgetreten und hat ihre ökonomische Machtstellung begründet. Dasselbe Schicksal, wie bereits angedeutet, erwartet auch den Kaukasus, und zwar in recht vollem Maße; denn die einheimischen Volkselemente sind weder Russen, noch Polen, noch Juden, die kulturell entwickeltsten und tüchtigsten Wirtschaftskräfte des Reiches, welche neben den mächtigsten Nebenbuhlern vom Westen doch ihre Position festgehalten. Von den einheimischen kaukasischen Völkern sind es nur die Armenier, welche mehr oder weniger imstande sein können, im ökonomischen Konkurrenzkampfe gegen die wachsende Übermacht und Eroberungsgelüste der Fremden einen gewissen Widerstand, in engem Rahmen und beschränkten Punkten, zu leisten. Sonst werden die georgischen und türko-

[1]) Über die weitere Zukunft dieser Erscheinungen in Rußland überhaupt siehe eingehend das Schlußkapitel unseres obengenannten Buches.

tatarischen Adels- und Bauernvölker, ferner die zahlreichen kleinen Ackerbau- und Hirtenstämme als ökonomisch schwache Elemente nicht vermögen, eine nationale Kapitalistenklasse heranwachsen zu lassen, sondern im Laufe der weiteren Entwicklung gezwungen sein, selbst ihre scheinbar feste agrikulturelle Position aufzugeben; von diesen schwachen Elementen werden nur die großen Lager des Kleinbürgertums, Kleinbauerntums und Proletariats gebildet. Die einheimischen Völker liefern im Produktionsprozesse die arbeitenden Kräfte (Proletariat und geschäftliches Nebenpersonal), das kapitalistische Ausland aber gibt die Gruppen der Genießenden und Aneignenden der durch die einheimischen Kräfte hergestellten nationalen Wertgüter. Das ist das Schicksal aller Kolonialländer. Dieser Prozeß ist unter den bestehenden Verhältnissen ebenso unaufhaltsam, wie es die ganze Erscheinung als Produkt der kolonialmäßigen Entwicklung der kapitalistischen Produktionsformen unseres Landes natürlich ist. Nur eine freiere, bürgerliche Verfassung kann die schwache nationale Industrie und damit deren nationale Träger vor dem Eroberungszuge des Importkapitalismus schützen. Aber das Aufkommen einer solchen Wirtschaftspolitik ist ebenso problematisch, wie der Zeitpunkt der Verwirklichung einer freieren Verfassung unbekannt ist.

FSC
www.fsc.org
MIX
Papier | Fördert gute Waldnutzung
FSC® C083411

Kolibri 360 GmbH
Ferdinand-Jühlke-Straße 7
99095 Erfurt, Deutschland
produktsicherheit@kolibri360.de